JN217500

あなたにもできる!

スピリチュアル・キャリアのつくり方

「スピ起業」で
誰でも自分の夢が
かなえられる本

穴口恵子
Keiko Anaguchi

廣済堂出版

みなさん
こんにちは
スピリチュアル（目に見えない世界）とリアル（現実）を統合した「スピリアルライフ」提唱者の穴口恵子です
私は、元人材育成コンサルタントとして
数々のグローバルな上場企業などのコンサルティングや研修を行なってきました
そして、現在は、年間の3分の1を海外の聖地ですごし
スピリアルライフを楽しみながら
執筆活動や
魔女入門
穴口恵子
お金と仲良しになる本
セミナー活動を行なっています

約20年前　サンフランシスコ郊外
あなたは今のあなたが思っている以上の存在になります
あなたのまわりには多くの女性たちが集っています
とっても居心地のよい空間で愛とやさしさと豊かさに満ちた人生を送っています
そしてあなたの年収が今より5倍以上に増えていて
愛する人と世界中を旅していますね
あなたはセレブな環境にいることになります
!!
そこで直感コンサルタントの方が教えてくれた私の未来でした
当時の私は
バイリンガル
美人
ヤリ手の
コンサルタント
キリッ
そう噂される存在でした
!?
600万円
当時の年収
×5倍
＝
3000万円!?
そんなことありえない！
当時の私のステータスを表現するものとして
大きくて威圧感のある革の手帳がありました
その中身は毎日びっしりとスケジュールが詰まっていました
それが当時の私の
幸せな成功者としての象徴
だったのです

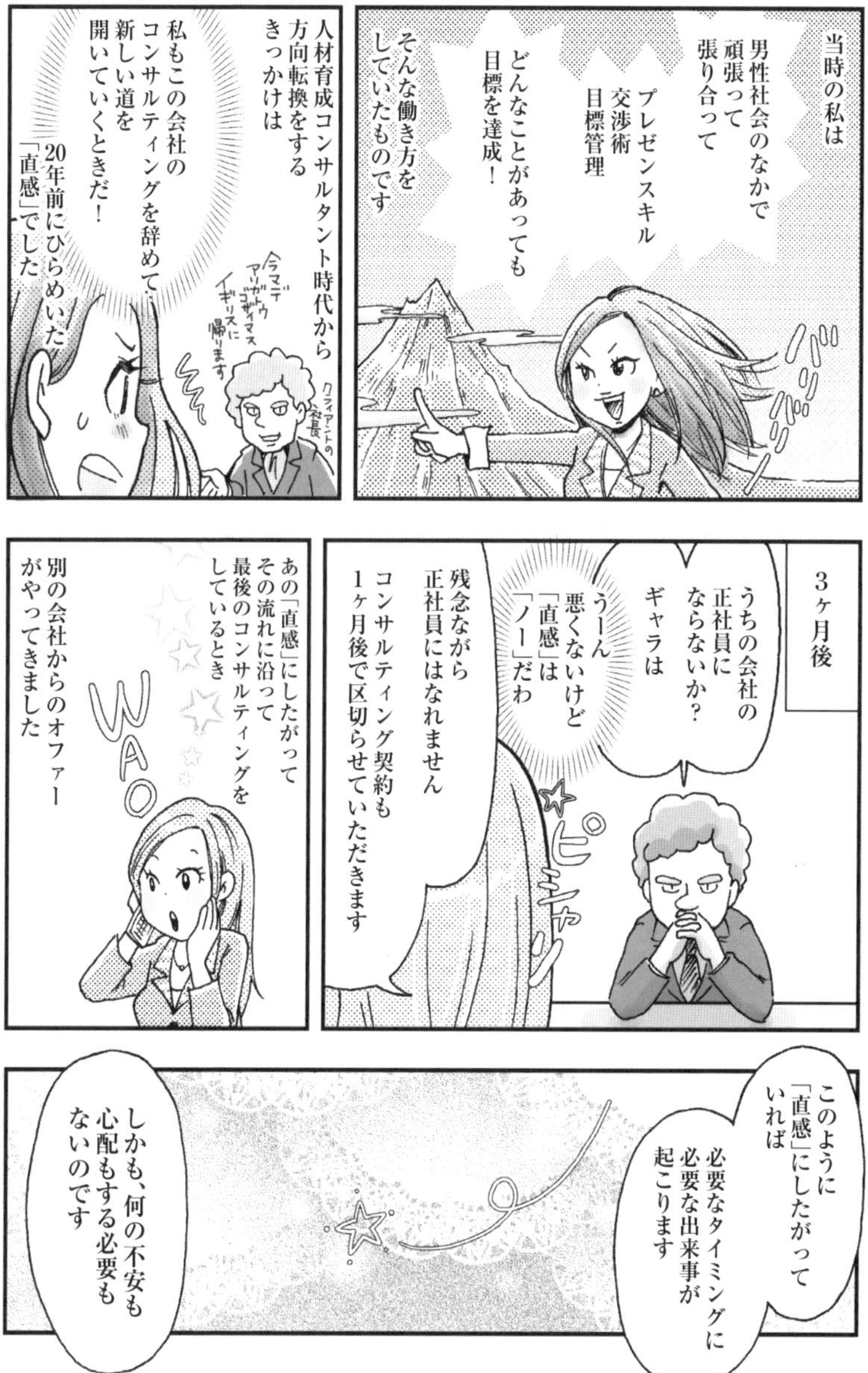

当時の私は
男性社会のなかで頑張って張り合って
プレゼンスキル 交渉術 目標管理
どんなことがあっても目標を達成！
そんな働き方をしていたものです
バリバリ
人材育成コンサルタント時代から方向転換をするきっかけは
今マデアリガトウゴザイマス イギリスに帰ります
クライアントの社長
私もこの会社のコンサルティングを辞めて新しい道を開いていくときだ！
20年前にひらめいた「直感」でした
3ヶ月後
うちの会社の正社員にならないか？ギャラは
うーん 悪くないけど「直感」は「ノー」だわ
ピシャリ
残念ながら正社員にはなれません コンサルティング契約も1ヶ月後で区切らせていただきます
あの「直感」にしたがってその流れに沿って最後のコンサルティングをしているとき
WAO
別の会社からのオファーがやってきました
このように「直感」にしたがっていれば必要なタイミングに必要な出来事が起こります
しかも、何の不安も心配もする必要もないのです

Case①
実際に「直感」を選んだおかげでラッキーなことが
たくさん起きたストーリーをいくつかご紹介します
駒沢公園近くのマンションでスピリチュアルなセミナーやプライベートセッションを行なっていた頃
その頃の売上げは年間6000万円程度でした
「直感」がささやきました
バスに乗って恵比寿に行って
バスなんて乗ったことないけど……
大丈夫かしら
恵比寿行
BUS
駒沢通りから恵比寿行きのバスを見つけて乗ってみました
中目黒近くのバス停に停車したときにふと目についた看板……
売物件
またもや「直感」が
この家だ
ピピッ!

連絡が繋がり
もしもし あの売物件 まだありますか？
物件を見せてもらうことに
便利な角の一軒家
日当たりのいい静かな場所でした
「直感」がささやく
買おう
わかったわ…
この物件
思い切って買います！
そこで始めたスピリチュアルビジネスがヒットして
一年で売上げ1000万円を上まわりました

Case②
ある本屋で
「直感」が
ささやきました
I Had It All the Time
人生の答えは
いつも私の中にある
アラン・コーエン
この人を
日本に招こう
本に書かれていた
アラン・コーエンさんの
メールアドレスに
メールを送りました
連絡先
xxx @000.xx
すると返事がきて
成田に一泊滞在して
バリ島に行きます
WAO
HiT!
一週間後
アラン・コーエンさんと
直接会うことができ
翌年には
Special Seminar!
日本に招いて
セミナーを開催
しました
HAPPY

Case③
ある出版社のOさんに
依頼されて
メルマガを無料配信
することになりました
穴口恵子
ひきよせ
Happy
メルマガ
それから
一年後
久しぶりにOさんに
お目にかかることに
なりました
お久しぶりです！
あ！
そうだ☆
私の経験をもとにして
書いている「引き寄せ」に
関する原稿なんですが
読んでもらえませんか？
それは
ぜひ！
！
ちょうど、うちの会社で
「引き寄せ本」を書く人を
探していたところだった
んですよ
さっそく読んでみます
引き寄せ本
発行決定
しました
WAO☆
なんと
その本の出版は
即座に決まって
2ヶ月後に
発売され
ました☆
「引き寄せ」
の法則
穴口恵子
自分の
思い通りに
生きるコツ

Case④
ある会社での ギャラ交渉のとき
あなたの毎月の コンサルティング代は おいくらですか？
彼に答えて もらったほうが ベスト……
おいくらが 御社にとって ベストですか？
ニコ
こちらと いたしましては……
ゴニョゴニョ
わぉ☆ 想像以上！
喜んで お受けします！
このように
「直感」は
人生の あらゆる領域の
未知なる 可能性を開く ために
働きかけて くれるもの なのです

それから20年
「直感」にしたがって
自分の人生を
決めていたら
予想もつかない結果が生まれました
ヘアーメイクをしてもらい
キレイな私でいいお仕事
大きなイベントも大成功ー☆
そして今では手帳は持たず
スタッフがグーグルカレンダーに私の予定を入れています
来月お打ち合わせ入りました〜
PC
インターネットで共有しています☆
一年の3分の1は海外ですごし
スピリチュアルなワークショップや
日本人のお客様と海外のパワースポットめぐりをしたりしてすごしています
プライベートセッションを行なったり
クリスタルを買いつけに行ったり
そして
あの直感コンサルタントが言っていたとおりに
私の年収は5倍になりました

マンガ・松本耳子

※このマンガは、『0.1秒で答えがわかる！「直感」のレッスン』（穴口恵子著、弊社刊）の「はじめに」の内容を再構成したものです。

プロローグ

あなたにもできる！「スピリチュアル・キャリア」のつくり方

この本を手にとっていただき、ありがとうございます。

あなたがこの本を手にしたということは、なにかしら「スピリチュアル」という言葉を聞いたことがあるからでしょうか？　それとも、「スピリチュアル」という言葉をはじめて目にしたからでしょうか？

いずれにしても、本書を手にしたあなたは、これからスピリチュアルの世界に触れていくことで、スピリチュアル・キャリアがあなたの生涯の大事なキャリアになる可能性があります。そのことをまず知っていただきたいのです。

そのために、この本を読み進める前に、まずは、スピリチュアルとはなにかについて、あなたと共通認識を持っておきましょう。

スピリチュアルとは、人が一生をおくるなかでなくてはならない「人生の本質」のことです。

人はなぜ生まれてきたのか？

Prologue

そして、人はいかに生きるべきなのか？

さらには、人はいかに死んでいくべきなのか？

という人生すべての過程《プロセス》のなかで、遅かれ早かれ自分自身で知っておかなくてはならない真実のことなのです。


スピリチュアルとは、目に見えない世界のテーマを取り扱います。

それは、潜在意識や無意識、あるいは超意識であったり、霊魂であったり、神々との繋がりも含まれています。


さらに、**スピリチュアルは、「過去世」や「未来世」というテーマも取り扱います。**

これらのテーマを取り扱う理由はなんでしょうか。

それは、自分とは何者であるのかを知り、そして自分の人生の課題に気づき、その課題をクリアしてより自分らしい人生を歩んでいくためです。さらには、今の人生を進化させ好転させていくためでもあります。

同時に、**スピリチュアルは、宇宙や惑星からの影響についても学びます。**それは、自分が生まれてきたときに、どんな惑星がどんなふうに自分の人生に影響を与えてくれたのかを知ることで、自分の本来の生きてきた目的に目覚めることができるからです。

一言でまとめると、**スピリチュアルとは、「自分が何者かに目覚めて生きることで、変化し、進化し、幸せを選択すること」**なのです。

ところが、残念なことに、多くの人はこのような「本質」をあとまわしにしてしまい、なんのために生きるのか？　なぜ今の人生を選んだのか？　なぜこのパートナーを選んだのか？　なぜこの仕事を選んだのか？　なぜ病気になってしまったのか？　というようなことだけに焦点をあててしまい、さまざまな思いを抱き、不幸になってしまっています。

あるいは、人生をなんとか思いどおりにしようと思い、頑張りすぎている人もたくさんいます。


誰もが幸せになって、豊かな人生をおくりたいと思っているはずです。

しかし、日々の課題に追われていたり、毎日が憂鬱《ゆううつ》に感じたりして、本来の自分の希望したとおりに生きていない人々のほうが多いようです。


このような状況に変化を起こすためには、まず、**「自分の人生に起きる出来事はなぜ起きたのか」の本質に気づく必要があるのです。**

この本質に「気づいて、目覚めて、進化して、自由に自分らしく幸せに生きる」ことを援助する専門家のことを、**「スピリチュアル・カウンセラー」**、**「スピリチュアル・コーチ」**、**「スピリチュアル・セラピスト」**などと呼びます。

さらに、スピリチュアルな専門家のなかには、目には見えない「気」を取り扱うことで、生体が発散する霊的なエネルギー（オーラ）を診断したり、人間の身体にある「気＝エネルギー」の出入り口（チャクラ）に手を当てて健全なエネルギーを循環する、**「エネルギー・ヒーラー」**と呼ばれる人もいます。

スピリチュアルなキャリアを持つ人たちは、大きくとらえると健康産業に属しているといえます。最近では、ヨガに加えて、瞑想などの講座がスポーツジムやヨガ教室などで開催されています。これも広い意味でいえば、スピリチュアル・キャリアの携わる仕事といえるでしょう。

ネット上には、スピリチュアル系のポータルサイトもあります。そこでは、スピリチュアルなキャリアを持つ人たちが、スピリチュアルな個人セッションやセミナーなどを開催しています。

個人セッションでは、クライアントの悩みの解決の支援をしたり、セミナーでは、参加者がより自分自身に目覚めるために、課題をクリアにする方法や、瞑想の方法、エネルギー・ヒーリングの方法などを教えています。

本書では、スピリチュアル・キャリアを選んで、私のように成功するエッセンスを具体的にお伝えします。

そのためには、まず、スピリチュアル業界はどんなことをする業界かを、活躍している人の事例も踏まえて、詳しく理解していただきます。

そして、次に、スピリチュアルなキャリアに必要な5つのレッスンを紹介します。

ひとつ目は、**直感の活用法。**

ふたつ目は、**「ブロック解除」の活用法。**

3つ目は、**「スピリチュアル・マーケティング」の活用法。**

4つ目は、**「高次の自己（ハイヤーセルフ）」とひとつになる方法。**

5つ目は、**スピリチュアル・キャリアで起業する方法です。**

最後には、あなたがこれからスピリチュアル業界でどんなふうに成功できる可能性があるかについてもお伝えしようと思います。
あなたが、スピリチュアル・キャリアを手にすることで、あなたの人生にどんな影響を与えることができるか、逆に、あなたが社会にどんな影響を与えられるのかも理解していただけたら幸いです。

この本を読み進めていくなかで、よりあなたが望んだ人生をおくれるようになることを心から願っています。
それでは、一緒にスピリチュアル・キャリアへの旅を始めましょう！

穴口恵子

あなたにもできる！
スピリチュアル・キャリアのつくり方

もくじ

第1章　私がスピリチュアル業界で大成功をおさめた理由……29

第3章　スピリチュアル業界では、こんな人たちが活躍しています！……85

第4章　「スピリチュアル・キャリア」を手に入れるための具体的な方法……101

第1章

私がスピリチュアル業界で大成功をおさめた理由

「たったひとりのための研修依頼」から始まった奇跡

実は、私はスピリチュアルな業界でキャリアを積んでいくという意志は、いっさい持ったことがありませんでした。

もともと私自身が情熱を注いでいた分野は、異文化マネジメントの人材育成のコンサルタントとしての、異文化コミュニケーション能力を高めるグローバル企業への貢献でした。

この分野でキャリアアップをするために、当時の私は、チャンスがあれば、国内外問わずセミナーを受けに出かけていました。そして、それを自分がコンサルティングをしている会社の異文化コミュニケーション研修に取り入れていました。

このくり返しのなかで、ある外資系企業のイギリス人の社長が日本法人の社長に就任する際の、異文化マネジメントスキルの研修の依頼がきたのです。

通常、30～50人相手の研修をしていたのですが、たったひとりの人のための研修依頼ははじめてでした。

ひとりの人のためにどんな異文化マネジメントの研修ができるのか？　私は自分のひらめきを信頼してあることを企画しました。

それは、複数の日本人にコンサルタントに頼り、日本人と経営をしていくための疑似体験の研修を用意し、イギリス人の社長がどんなコミュニケーションをとり、それが日本人にどのような影響を与えているかに気づいてもらうという方法でした。

つまり、**異文化マネジメントスキルというよりは、日本人との異文化コミュニケーション能力を彼に教えていったのです。**

自分の情熱にしたがって行動する

この研修が大成功に終わり、イギリス人の社長は大変満足してくれました。

そして、彼はいったんイギリスに帰国したあと、日本へ引っ越し、新しい契約を私に提案してくれました。

これもまた、私が今まで取り組んだことのない提案だったのです。なんとなくですが、また私は、「この人の役に立つことなら、やってみよう！」と決め、その提案を受け入れ、契約をしたのです。

そのお仕事は、彼の経営する会社の店舗のなかでお客様のふりをすることでした。店員がどのような接客をするのか？　そしてその接客は、「お客様である私」にどのくらいの満足度を与えてくれるのか？……というように、私は来店してから出ていくまでのお店での体験を詳細に観察しました。

あちこちの店舗をまわり、お客様のふりをし、接客態度の調査をしたのです。

この結果をもとに、私は、この会社の店舗にはどのようなお客様対応の研修が必要であるかを彼にプレゼンしました。

私は、この時点でお客様対応を専門にしていたわけではありません。ですが、私の直感と感性を使ってプレゼンをしたところ、その社長から大変気に入っていただき、長期型のコンサルタントとして年間契約をしていただくことができました。

一見、スイスイとスムーズに物事が運んでいるように思われたかもしれません。けれども、実はその背景で私が大切にしていたことがあるのです。それは、**自分の情熱にしたがってその課題や目的に取り組んでいくということです。**

頭のなかで損得を考えるのではなく、直感で、なんとなくひらめいてやってみようと思ったことのみを実践することに主眼を置いていたのです。

これが、私のコンサルタントとしてのキャリアアップの外せない大きなポイントになりました。

また、自分で決めた仕事に対しては、妥協することなく、徹底的に最善を尽くすことをモットーにしていました。さらには、**惜しみない時間をかけて学び続けること、そして、自分の専門分野を決めたときに、その分野でどのように自分が貢献できるかの「未来像」を持つことも成功のポイントとしてとらえていました。**

このような姿勢で、私は、異文化コミュニケーションをとおして、グローバル企業内の人材が「競争」ではなく「協力関係」で会社の目標に従事できることを目標に、コンサルタント活動をどんどんと実践していきました。

突然の「ひらめき」に、即行動！

異文化の人材育成コンサルタントとして、さまざまなグローバル企業でコンサルティングをしていて、あるとき、「はっ」と気づいたことがありました。

それが異文化であろうがなかろうが、企業人たちは組織のなかで日々闘っているのだと。そして、その闘いは、人によっては自分との闘いであり、そのなかには自分を追い込んでいくタイプもいるのだということ。

そのせいで、企業のなかには、不平不満により、不適切な評価が行なわれ、**せっかくの才能を企業がうまく活用できないままになっている**ということにも気づきました。

また、企業内の見えない派閥のなかで、上司が変わるたびに、その下で働く人たちは、ころころと態度を変えなければならず、その結果、相手に合わせることにエネルギーを注ぎ、本来の企業の目標に向かって集中することの時間が奪われているということもわかりました。

人間関係の間《はざま》のなかで、このような状況から脱却し、その人が本来持っている才能を企業や社会で発揮できるようになれば、どんな世界が広がるのだろう……と私は思いました。

そして、あるときに瞑想をしていた際、自分の心のなかからあるイメージが浮かんできたのです。

そのイメージは、多様な価値観や信念を持っている人たちが笑顔で自己表現をする場面で、彼らが自分の才能をどんなふうに活かしたいかということを自由に語りあっている様子でした。

さらには、そのイメージと同時にひらめいたことがありました。

それは、**これからは企業に対してのアプローチではなく、社会人ひとりひとりを対象にした研修を行なっていくことの重要性**でした。

ひとりひとりの人たちが、自分が何者であるか、そして本来の人生の目的に目覚めることができたなら、多様性のなかにあっても一体感のある社会が訪れるに違いない!!　と思ったのです。

このことに気づいた私は、**これからは企業ではなく、個人に向けての発信をしていこう、そして、多くの人たちが自分の可能性が無限大であることに気づけるようになるために貢献しよう**と決めたのです。

突然の方向転換に、私のコンサルタント仲間たちは驚きました。

しかし、コンサルタント業をすぐにやめたわけではありません。コンサルティングの契約は通常、年間契約だからです。私はその契約が続いているあいだは、その仕事も続けながら、個人に向けての発信の準備を始めることにしました。

流れをキャッチしたら、それに乗っていく

さて、そんなわけで、個人に向けての発信をすることを決めた私ですが、なにをどのようにしたらいいのか？

Chapter 1

そんなシンプルな疑問を胸に抱きながら仕事を続けていたある日、こんな不思議な体験をしました。

当時、私は、神奈川県西丹沢にあるネイティブ・アメリカンの浄化の儀式を行なっている場所に通っていました。

大好きだったその場所では、「スエットロッジ」という儀式が行なわれていました。

それは、暗闇のなかで赤々とした焼け石にハーブを載せ、水をかけ、その場を熱いスチームで満たしたあとに、歌を歌ったり、太鼓を叩いて、自分や家族、親友のために浄化をし、祈るという儀式です。

そこである女性と出逢いました。彼女の胸元には、存在感のある不思議な形をしたペンダントがありました。

そこで、私はその女性に声をかけてみたのです。

「そのペンダントはどこで手に入れたの？」

「あっ、これね。クイチにもらったの」

「？？？　えっ？　クイチって？」

「ペルーのシャーマンのクイチだよ」

ペルーのシャーマンってどんな人だろうか？　という好奇心とともに、私の心の奥深いところからはなんともいえない懐かしさが湧きあがってきたのです。

彼女はそんな私の心を見透かしたのか、

「ペルーのシャーマニックツアーが来月あるから、行ってみたら？」

とそのツアーを主催している方の連絡先を私に教えてくれました。

なぜか私は、人生の流れがここで新しく始まるのだと感じました。同時に、「よし、ペルーに行こう！」と心のなかでつぶやきました。そして、翌日には主催者に連絡をし、ペルー行きのチケットまで買ってしまったのです。コンサルティングの仕事のスケジュールを調整したのは、チケットを買ったあとです。

なぜ行くのかの理由もわからないまま、私はペルーに旅立ちました。手がかりといえば、「得体の知れないなにか」が自分のなかで喜んでいるという確信だけだったのです。

Chapter 1

「目に見えない世界」が見える瞬間をキャッチする

ペルーのシャーマニックツアーを一言で言えば、ジェームス・レッドフィールドが書いた『聖なる予言』（角川文庫）の世界そのものでした。

そこで私は、自分自身の内側から湧きあがってくる声や身体感覚に敏感に反応している自分と出逢うことができました。

同時に、非日常的な「世界」のなかで、毎日のように彩雲《さいうん》（太陽の近くをとおりかかった雲が、緑や赤に彩られる現象）を目にしながら、生命力に満ちあふれている自分に気づくことができる日々をおくりました。

自分の人生にとって本当になにが大切なのか？　そのヒントを、旅をリードするシャーマンクイチが私に与えてくれました。そして、それまで自分の人生で未解決な答えだった「私はなにをするために生まれてきたか？」が少しずつひもとかれていきました。

人は、自分の気づかなかったことに気づく体験をすると、同じパターンに見えがちな日常生活にも新しい気づきを得ることができます。そのことも、私はこの旅のなかで気づくことができたのです。

つまり、**日常に埋もれてただ毎日をすごすのではなく、"目覚めながら"すごすということ。これはとても大切なことであると同時に、その日々の中にある「自分に与えられているチャンス」に気づくということでもあります**。そして、そのチャンスを活かすも殺すも自分の感覚次第なのです。

「そういうことか!?」と私は腑《ふ》に落ちました。

この瞬間、私は、多くの人々が同じように目覚めるような日常をおくる手助けをし、その人たちが無限の可能性を開けるよう貢献することに、自分の一番の情熱を注ぎたいのだということがわかったのです。

魂の声にしたがうことで、新しい扉が開く

Chapter 1

自分の使命に意識を向けるきっかけとなったペルーのシャーマニックツアーのなかで、もうひとつ大切な出来事がありました。

それは、世界遺産となっているマチュピチュで起きました。

広いマチュピチュの遺跡群には、居住地と農耕地とに分かれている場所の境目に門があります。その門をくぐったとたん、私は、自分の全細胞の感覚が目覚め、振動していることに気づいたのです。

このような体験は生まれてはじめてだったので、なにが起きたかがわからないまま、私は自分の内側から湧きあがってくるフィーリングに意識を向けてみました。

すると、ハートがどんどん温かくなって、やさしく開かれていくような感覚のなかに包まれました。次に、私は無意識に、

「愛が平和の鍵となる」

とつぶやきました。

このつぶやきはどこからきたのだろう？　と考えてみたところ、自分のハート

の奥にある「魂」からのメッセージだと感じました。

旅のあいだ中、私は、このメッセージを自分のなかでくり返し、くり返しつぶやきました。そして、つぶやくごとに自分のなかにある生命のパワーを感じることができました。

そして私は、**魂の声に繋がることで、人はこの上ない「力」と「生きがい」を感じられる**ことを知ったのです。

すべてがうまくいくという確信を持つ

ペルーから日本に戻ってきて1ヶ月も経たないうちに、2年間にわたって抱えていた悩みがあっさりと解決しました。

夫との不和が解消されて、お互いに和解をし、離婚が成立したのです。

離婚については、人それぞれいろいろな考えがあると思います。人生の失敗としてとらえる人もいれば、成功への次のステージととらえる人もいます。

Chapter 1

私は、離婚を人生の成功への次のステージとしてとらえました。そのため、「すべてがうまくいく方向へ一歩進んだ」とこのとき思いました。だから、離婚という体験は、当時の私にとってはとてもありがたい体験だったのです。

その後、ペルーシャーマニックツアーを開催していたメンバーと、「シャーマンを日本に招いて、セミナーやシャーマニックヒーリングを提供しよう！」というアイデアで盛り上がりました。

とはいえ、どのようにしてシャーマンを日本にお呼びして、集客をしていくのか、私たちは知らなかったのです。それでも根拠のない自信を持って、シャーマンを呼ぶために必要なことをひとつずつ考え、メンバーと一緒にアレヤコレヤと準備を整えていきました。

これまでにやったことのないことは実行してみないとわかりません。だから、**大切なのは「マインドセット」**なのです。くよくよと心配したり、考えすぎると、タイミングを逃してしまいます。

「チャンスの神様は前髪しかない」という言葉があります。

チャンスの神様は突然現れて、ものすごいスピードで走り抜ける上に前髪しかないから、過ぎ去ったあとにつかもうとしてもつかめないという意味ですが、当時の私も、**自信がなくても、時間がなくても、まずは挑戦してみることが必要**ではないかと思ったのです。

地味であっても、できることから始める

正直言うと、私はコツコツと細かいことをするのが苦手です。

逆に、得意なことは、企画を考えたり、人の前で話したりすることですから、やはり私には、事務作業をしてくれる人が必要だと思いました。

そこで、事務作業が得意な人にアルバイトできてもらい、週3回ほど、私が書いた宣伝用のチラシを送るなどの作業をしてもらいました。

その宣伝の効果もあったのか、結果的には、**50名ほどの人がペルーのシャーマンに会いにきてくれた**のです。

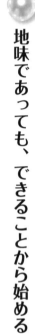

50名もの人を集めることができた背景には、私がペルーで体験したお話をさまざまな人に惜しみなくお伝えして、興味を持ってもらえたことも要因としてあったと思います。

それから私は、スピリチュアルなことに興味を持っている人たちに出逢うチャンスをどんどんと探しては、その人たちに会いに出かけていきました。

当時は、インターネットのない時代であり、スピリチュアルなお店も本当に数えるほどしかありませんでしたが、そういったお店を見つけては買い物に出かけ、そのお店の人と仲良くなって、自分の活動を広めるためのチラシを置かせてもらったりしました。

また、スピリチュアルなセミナーを見つけては学びに出かけ、多くの人と交流をしながら、お互いの世界観を分かち合い、人間関係を深めて楽しんでいました。

同時に、当時あった、スピリチュアル系セラピーの雑誌にも積極的にアプローチをして、自分の企画を載せてもらったりもしました。その雑誌社が企画した出店イベントにも参加して、2日間で数百人ものスピリチュアル好きな人たちに出逢うこともできました。

さらには、そこで出逢った天使のチャネリングをする女性とも意気投合し、一緒に天使の瞑想会を開いたこともありました。

要するに、**当時の私は、自分がひらめき、ピンときて、やれると思ったことをただやっていただけなのです。**そして、人と人とのご縁がめぐりめぐって、仲間がどんどんと集まってくるようになりました。

自分が足を運びたいと思った場所に行き、人に出逢い、その人との繋がりを持ち続ける。そして、その人たちのためにいろいろな場や機会を提供する。これらは本当に地味な活動ですが、自分ができることから少しずつ活動を広げていったのです。

「ご縁」を循環し続ける

なにをするにしても、人に出逢わずして人生は始まりません。人と人が出逢うことで、自分がどんな存在で、なにが一番得意なのかにも気づくことができるのです。

ひとりの人に出逢ったら、その向こうには少なくとも5～10人の人に出逢う可能性があるといわれています。私には、スピリチュアルな講演家の方のサポートをさせていただいた時代がありますが、その方のおかげで、直接ではありませんが、5000人近くの人に出逢わせていただきました。

そして、その方にご紹介していただいたのが、アメリカ人の女性、リリーさんです。

リリーさんは守護天使とお話ができる人で、守護天使からのメッセージを多くの人たちに伝えています。そこで、私はアメリカのコロラドに出かけていき、リリーさんのセッションを受けたところ、意気投合。その後、リリーさんを日本のスピリチュアルな雑誌に紹介しました。

その流れで、リリーさんが初来日をしました。

その際、守護天使の個人セッションだけでなく、守護天使と繫がるワークショップ開催の依頼をしたところ、喜んで引き受けていただけることになりました。

このときも、まわりの人たちにリリーさんの来日の計画を伝え、簡単なチラシをつくって、あちこちで交流があったスピリチュアル好きの方々に手配りをしたり、お手紙を出したりといった宣伝活動をしました。

そうしたご縁がめぐりめぐって、たくさんの方々にリリーさんのイベントにお越しいただけたのです。

人のご縁は、循環し続けることでお互いの信頼関係が高まり、協力関係が結ばれていきます。このときも、ひとりに話したら、その人が2、3人は連れてきてくれるほどの強い信頼関係ができあがっていました。結果的に、セッションもワークショップも満員御礼になりました。

やはり、**信頼関係づくりを出逢った人とどこまでできるかが大切なこと**なのだと思います。出逢った人との関係を、丁寧に心地よく築いていくコミュニケーション能力は、スピリチュアルなキャリアを築くときにも絶対的に外せないスキルのひとつです。

Chapter 1

幸いにも、私自身が人材育成コンサルティングをとおして学んで実践してきたことがとても役に立ち、スピリチュアルなキャリアアップに応用できたのです。

誰もが仕事をするときに大きな悩みになりうることが人間関係ですが、**人間関係を面倒と思わないで、あえて積極的にコミュニケーションをとることで、人はアイデアだけでなく、お互いの心の内にある気持ちや価値観を共有できます。**

そして、そうすることで、価値観や世界観を一緒につくることのできる、ご縁のある仲間がどんどんと集《つど》ってくるのです。

学び、実践、継続が未来を創造する

どの分野でもそうかもしれませんが、ビジネスも進化をするか？　それとも退化して消滅するか？　のいずれかの道しかありません。

自分が選んだキャリアについて、ただ知識を学んできただけでは、人のためにも、自分のためにも、社会のためにも役に立つ存在になることはできません。しかも、ただ知識で学ぶだけでそれを活用しないでいたら、そのスキルもどんどんと衰えてしまいます。

今、私のもとへは、スピリチュアルな世界が大好きでヒーラーやセラピストになりたい人たちがたくさん学びにきてくれています。

しかし、そんな人たちのなかでも**成功する人と成功しない人の違いがあります。それは、能力の差というよりも、学んだことを地道に実践して自分のものにしているかどうかにある**ように思います。当たり前のことですが、学んだことを実践せずに、ただ考えているだけで成功することはとても難しいのです。

私の場合、スピリチュアルなことが大好きだったので、人材育成コンサルタントとして活動していたときから、アメリカで開催していたスピリチュアルなセミナーに頻繁に参加していました。

また、世界のトップヒーリングスクールである「バーバラ・ブレナン・スクール・オブ・ヒーリング（BBSH）」に4年間通い、認定ヒーラーとなりました。

そして、ほぼ同時に、「ドルフィンスターテンプル・ミステリースクール」と

Chapter 1

いう神秘学校、いわゆる日本の密教のような学校にも通い、国際認定ヒーラーおよび、講師としてのキャリアも積むことができました。

さらには、日本においても、「ドルフィンスターテンプル・ミステリースクールジャパン」を2001年に設立し、今は校長として活動しています。ここでは、自分自身のオリジナルのセラピーや、ヒーラーやチャネラーになるための知識を多くの受講者たちに教えています。

危機的状況に陥ったときの対処法

私はそのようにして、学んだことを実際に活用しながら、創意工夫をしては、継続して自分の能力を磨き続けました。

もちろん、学んだことを実践していくなかで、心が折れそうな出来事もたくさん起こります。

たとえば、誠心誠意を尽くしてスピリチュアル・カウンセリングをしても、クライアントに自分の期待とは違うと思われたり、最高のアドバイスをしたつもりでも、クライアントが実践しなかったために結果が出なかったということもあります。また、そんなときには、クライアントからの不満も多々聞かれます。

このような危機的な状況に落ち込むこともありました。自分には向いていないお仕事かもしれないと迷ったこともあります。

それでも、自分の心の声に真摯に耳を傾けた結果、やはり、私はスピリチュアルな能力を使って人の無限の可能性を開いていきたい！　社会に貢献していきたい！　そんな魂の声につき動かされて、継続することができました。

大切なことは、**さまざまな危機やトラブルを経験しながらも、自分自身が選んだ分野でやり続ける覚悟を決めること**です。

こうして、私はスピリチュアルな業界で、20年もの長きにわたり活動することができたのです。

世界的に活躍するメンターとの出逢い

スピリチュアル・キャリアを手にしたことによって、私は驚くほどの人脈を手にすることができました。

特に、海外のスピリチュアル・リーダーたちと続々とご縁をいただけるようになったことは大きな節目となりました。

最初のご縁は、私自身が日本のスピリチュアルな雑誌のインタビューを受けたことがきっかけです。

『アネモネ』という雑誌に、私が主催した「女神ワーク」の取材をしていただき、その取材が終わったあとに、「ワールドスピリチュアルレポーター」として、世界のスピリチュアル・リーダーのインタビュー記事を載せていただくことになったのです。

ドルフィンスターテンプル・ミステリースクールの創始者のアモラ・クァン・インを始め、アメリカのベストセラー作家であるアラン・コーエン氏、ソーニャ・ショーケット氏、グレッグ・ブレーデン氏、ゲーリー・ズーカフ氏などを日本にお招きしてインタビューを行ない、同時にセミナーや個人セッションを開催しました。

『神との対話』（サンマーク出版）で、大ベストセラー作家となったニール・ドナルド・ウォルシュには、日本初のインタビューをすることができました。

世界の一流のスピリチュアルな人たちとの出逢いのおかげで、私は、**日本においても、これからスピリチュアルな業界が確立されていくのではないか、さらにはスピリチュアルに対する人々のニーズが高まっていくのではないかという確信を持つことができました。**

それは、人材育成コンサルティングをしていたときにも感じていたことでした。海外のビジネスのノウハウが、日本では20年以上遅れて紹介されるケースが多かったからです。

それと同じように、スピリチュアルなビジネスも、これから日本でどんどん広がっていくだろうと私は思ったのです。

Chapter 1

スピリチュアル業界は、これからも拡大し続ける

その私の予想どおり、現在、日本のスピリチュアル業界はどんどんと認知度が上がってきています。

スピリチュアルなメンターたちとの出逢いのおかげもあり、私が育成してきたスピリチュアル・カウンセラーの総数は2000人を越えました。行なってきた個人セッションと遠隔グループセッションをその範疇に入れると、10万人を超えています。

メンター向けの本の執筆、講演会、セミナー、個人セッションのプロデュースをするなかで、自分自身もスピリチュアルな能力を磨き続けることができました。

その成果が、結果として経済的な豊かさを与えてくれたのです。私の経営する会社は、今では年商3億5000万円を越えている状況です。

ちなみに、スピリチュアルな業界は、ビジネスのカテゴリーでいえば、「健康産業」のなかに含まれますが、2014年の調査によると、近い将来、健康産業

の市場規模は10兆円規模に拡大すると予想されています。2014年の段階では、4兆円規模でしたから、スピリチュアル業界を含むこの産業は、これからも成長し続けることは間違いないと確信しています。

それを裏づけるかのように、今、日本では神社めぐりのツアーや国内外のパワースポットツアーなどがどんどん増えてきています。**今後もこうしたスピリチュアルな世界に関するものが流行し、定着していくのは間違いない**でしょう。

なぜ、スピリチュアル・キャリアを選んだのか？

キャリアを選ぶときの基準はひとりひとり違いますが、私にとっては重要なポイントが3つありました。

ひとつ目は、直感的にその分野が好きかどうか？

ふたつ目は、その分野に未来があるかどうか？

そして、3つ目は、その分野で自分が自由に活躍しているイメージが湧くかどうか？

です。

私が、当時、年商1億円を超えていたコンサルティングの仕事から、スピリチュアル・キャリアへとシフトしていったのには、この3つのポイントがクリアになっていたからでした。

自分の本当の本質に気づいて、好きな仕事でキラキラ輝いて、楽しい人生をおくっている。

その頃の私にとって、スピリチュアルな分野はこんなふうに見えていたのです。

そして、この分野が社会で必要とされる時代がくるとしたら、それはどんな時代だろう？　と考えたとき、その社会の変化を起こす一員として、自分もなにか役に立てるだろうと思ったのです。

それを具体的に想像してみると、自分が充分に活躍しているイメージがどんどんと湧いてきました。

そのときのイメージは、誰かが人生の選択に迷っているとき、その人の潜在意識にアクセスしながら、その人にとってどんな未来が可能かを引き出すサポートを私がしている、という状況でした。

私はこのイメージを手がかりにして、自分にできることからこの仕事をスタートしていきました。つまり、**自分の心が喜んでいる感覚と、未来に向けての希望が持てたからこそ、スピリチュアル・キャリアへ迷いなく向かっていくことができたのです。**

スピリチュアル・キャリアは、収入的にも安定している

スピリチュアル・キャリアは現実的に見ても、生涯現役でできるキャリアであり、高収入だった私のコンサルティング時代と比較しても、同じぐらいの売上げを得ることができるキャリアです。

ちなみに私がコンサルティング業をスタートしたときは、1時間あたりのコンサルティング料は2万5000円でした。スピリチュアル・カウンセリングは

1万5000円でスタートしましたが、現在は、当時のコンサルティング料を上回る4万5000円をいただいています。最近は、この金額でも、「そんなに安くていいんですか?」と言っていただけるようになりました。

さらに、セミナーを開催する場合、コンサルティング時代は一日の開催で25万円から30万円ほどいただいていましたが、現在は参加人数にもよりますが、この金額の倍以上いただいています。

そういう利益的な意味でも、**スピリチュアル・キャリアは、これから消えていくといわれている経理や事務系の職業よりは、将来長きにわたって続けられる職業といえる**と私は思っているのです。

第2章

「スピリチュアル・キャリア」って、どんな仕事なの？

この章では、あなたがスピリチュアルな業界でお仕事をしたら、どんな毎日になるかについてご紹介します。

スピリチュアル業界を知らない人のほうが圧倒的に多いとは思いますが、実は、大きな本屋さんに行けば、そのジャンルの本のコーナーがあります（「スピリチュアル」や「精神世界」という名前のコーナー名で探してみてください）。

そして、今、本屋さんでは、全体の売上げが右肩下がりになっているのにもかかわらず、スピリチュアルな本の売上げは右肩上がりです。

そういう意味でも、スピリチュアル業界は、これから間違いなく多くの人に知っていただける業界になっていくことは間違いないでしょう。

そんなスピリチュアルな業界でお仕事をするには、まず仕事ごとの「スキル」を習得する必要があります。

といってもそれは、自動車の運転免許をとって運転ができるようになるのと同じで、誰でも学ぶことでそのスキルを磨くことができます。

スピリチュアルな仕事といっても、多種多様な種類があります。そこでまずは、頭のなかで整理整頓していただけるように、それをいくつかのグループに分けて紹介していきたいと思います。
このグループ分けを理解していただきながら、あなたが一番ピンときた仕事のスキルを学んでいくといいかもしれません。

Chapter 2

スピリチュアルな仕事って、どんな種類がある？

癒し系ボディーワークの仕事

スピリチュアルなスキルで一番わかりやすいのが、癒し系のボディーワークです。これは、クライアントの身体に触れ、施術を行なうマッサージのような仕事です。

アロママッサージ

癒し系ボディーワークの仕事には、いくつかの種類がありますが、なかでも、精油を使ってマッサージをする「アロママッサージ」が誰にでも体験してもらいやすく、人気もあります。最近では、駅前などにあるマッサージ屋さんにも、このアロママッサージがとり入れられているほどです。

アロママッサージの目的は、リラクゼーションだけではありません。

クライアントの頭をすっきりさせること、リンパを流すこと、眼球疲労をなくすこと、身体の痛みをやわらげること、ダイエットなどなど、さまざまな目的があります。使う精油によって、効能が異なるからです。

経絡マッサージ

癒し系ボディーワークのなかには、「経絡マッサージ」というものもあります。

経絡というのは、身体のなかに流れている「気の通り道」です。指圧などではツボを押して凝りや疲労をほぐしますが、経絡マッサージは、気の流れをよくすることで凝りや疲労をほぐします。

この経絡マッサージは、東洋医学の流れからきているマッサージ法です。

霊気《れいき》

マッサージはせず、身体に触れて気を流す癒し系ボディーワークもあります。

この霊気は、手で身体に触れて気を流す手法です。その人の気を流してあげることによって、身体の痛みや滞っている部分を軽くしてあげるという施術です。

「エネルギーワーク」と呼ばれることもありますが、ここでは、身体に触れる仕事のひとつとして、癒し系ボディーワークのカテゴリーとしてご紹介しました。

✦セラピー系の仕事

「セラピー」と呼ばれているスピリチュアルなお仕事は、ある意味、心理カウンセリングと似た面があります。

また、セラピーにはたくさんの種類がありますが。それらに共通するセラピーの目的は、おもにクライアントの悩みを解決することです。

悩みの内容は、心身の健康、人間関係、仕事、転職、恋愛、夫婦関係、進学、生きがい、才能、お金に関することなどさまざまです。クライアントのこのような問題を解決するために、スピリチュアル業界では、さまざまなセラピーが開発されてきています。

通常のセラピーは1回につき、1～2時間の時間を費やしてセッションを行ないます。最近は、「スカイプ」や「ズーム」といったインターネットツールを使って、クライアントが離れた場所にいる場合でもセラピーが行なえるようになっています。

なお、セラピーを行なう人のことを、スピリチュアル業界では「セラピスト」と呼びます。

ヒプノセラピー

セラピーのなかでも、クライアント自らが体験していただくことのできる唯一のセラピーがヒプノセラピーです。

ヒプノセラピーとは、クライアントを変性意識状態（日常的な意識状態以外の意識状態）に誘導して、潜在意識にある情報にアクセスし、過去のトラウマ（心の傷）を癒し、クライアントの本来の望んでいる状態へと回復させるために行なうものです。

また、クライアントの未来の可能性や、潜在意識にある才能を引き出してあげるときにも、このセラピーを使います。クライアントの生まれる前や過去世の情報を受けとり、その人の人生に役立てるといったことも実施します。

ちなみに、このセラピーは、一、二度のセッションだけで終わるものでなく、通常、３ヶ月〜１年の長い期間をかけて行ないます。

カラーセラピー

カラーセラピーは、クライアントに「もっとも共鳴する色」を選んでもらい、その色によって、クライアントの過去・現在・未来についての情報を読み解くスピリチュアル系のお仕事です。

さらには、その心の状態や、魂の本質、その人がかかえている現在の課題、そして、どんな行動をとることで問題が解決するかを探っていきます。

「オーラソーマ」という2色のハーブと、オイルが調合されたボトルを選んで使用するのが、このカラーセラピーではもっとも普及されている方法です。

ちなみに日本では、カラーセラピーは色彩心理学の一部としても認知されています。

カードセラピー

カードセラピーは、セラピストがさまざまなカードを使って、クライアントの質問に答えるセラピーです。

カードには、古代から使われている「タロットカード」がもっとも多く使用されています。

21世紀に入ってからは、「エンジェルカード」、「女神カード」、「ドルフィンカード」、「マーメイドカード」、「クリスタルカード」などの数々のカードが開発、発売され、カードセラピーでも使われるようになりました。

カードを使ったセラピーも、カラーセラピー同様、クライアントの過去・現在・未来についての情報をカードで読み解いていき、クライアントの悩みを解決していくサポートをします。

カードセラピーは、一般的には占いと思われることが多いようです。しかし、本来のカードセラピーは、占いとは異なり、クライアントの課題に向き合い、その課題や問題を具体的に解決することを目的としています。

ハーブ&アロマセラピー

このセラピーは、癒し系ボディーワークの項で紹介したアロママッサージとは異なり、ハーブや花の精油を活用してクライアントの心身の健康をサポートするセラピーです。このセラピーは美と健康のために非常に役に立つセラピーということができると思います。

古代から中国やヨーロッパで伝えられたハーブ療法や精油療法をベースに、ハーブや精油を調合して、クライアントに合った精油をつくりだします。そして、クライアントに使い方を教え、21日間、日常的に使っていただきます。

このセラピーを行なうセラピストは、香りを利用した身体のまわりを清めるスプレー、花粉症を治すスプレー、虫よけのスプレー、ストレスや身体の不調を回復するためのスプレーなどをつくります。精油やスプレー以外にも、ハーブやアロマで、石鹸、化粧水、フェイスクリーム、ハンドクリーム、シャンプーやリンスなどをつくることもあります。

フラワーエッセンスセラピー

ハーブ＆アロマセラピーは、花の香りやその効能を利用したセラピーですが、フラワーエッセンスセラピーは、花の「香り」ではなく、それぞれの花が持つ「エネルギー」を転写し、そのエネルギーの効能を使ってセラピーを行ないます。

フラワーエッセンスのつくり方は、以下のとおりです。

クリスタルのボウルに水を入れ、花をその上に浮かべ、太陽の照らされた場所に数時間置き、その花のエネルギーを水に転写します。そして、ブランデーや塩を防腐剤として混ぜ、それを希釈して、遮光ガラス瓶に入れて、できあがりです。

このセラピーは、クライアントのかかえている問題の状況を聞き、その人に合ったフラワーエッセンスを調合するというものです。クライアントは、そのフラワーエッセンスを食事前に舌下に数滴たらすという方法で服用しながら、心身の状態の変化を観察します。

このセラピーも、21日間のサイクルで行なうセラピーです。

ペットセラピー

ペットセラピーは、セラピストがクライアントのペットと直感をとおして交流し、ペットの意志や気持ちをペットの飼い主に伝えるというセラピーです。この手法は、「アニマルコミュニケーション」とも呼ばれています。

ペットセラピーの現場では、ペットが飼い主の心理状態を過剰に受けとめてしまうことでストレスを感じたり、病気がちになったりすることが非常に多く起きています。

そこで、このセラピーでは、飼い主がペットに癒やされているかたわらで、そのペットが精神的な負担になっていることをクライアントに明らかにし、ペットも飼い主も癒やされることを目的にセラピーを行なっていきます。

エネルギー・ヒーリング

これは、「宇宙エネルギー」やさまざまな周波数のエネルギーを、クライアントの身体やオーラ（生体が発散する霊的なエネルギー）やチャクラ（人間の身体にある「気＝エネルギー」の出入口）に流すことで、滞っているエネルギーを浄化して、身体・心・精神のバランスを整えることを目指すお仕事です。エネルギー・ヒーリングを行なう人のことは、一般に「ヒーラー」と呼ばれています。

また、エネルギー・ヒーリングをとおして、クライアントの顕在意識や潜在意識のなかにある制限を外し、毎日、心身ともに健康にすごせることを援助します。

このエネルギー・ヒーリングには、肉体レベルの部位に焦点を当ててヒーリングを行なう手法と、肉体以外の精神的な部分に焦点を当ててヒーリングを行なうふたつの手法があります。

肉体レベルの部位にヒーリングを行なう場合は、たとえば、全脳を活性化するヒーリング、臓器へのヒーリング、神経系へのヒーリング、細胞やDNAレベルへのヒーリングなどがあります。これは、ヒーリングを各部位に行なうことで、その部位が健康になることを目的としたものです。

肉体以外へのヒーリングは、クライアントのオーラの層にある「各エネルギー体」にエネルギーを流して、各エネルギー体の浄化をし、本来の健全なエネルギー体に戻します。

そのほかには、人体のエネルギーセンターであるチャクラに、ヒーラーが必要なエネルギーを流し、チャクラに滞っている抑圧された感情や制限を外し、チャクラが活力のある状態を取り戻すことを支援したりもします。

このようにエネルギー・ヒーリングは、ヒーラーが必要なエネルギーを流すことで、クライアントが健全な生命エネルギーで満ちることを手助けします。その結果、クライアントは心身ともに満たされた状態となり、自分の希望した人生をおくることができるようになるのです。

また、エネルギー・ヒーリングには、「遠隔ヒーリング」といって、クライアントが目の前にいなくても行なえるヒーリングの手法があります。

電話、あるいはスカイプやズームといったインターネットツールを使う場合もありますが、ヒーラーはどこにいてもクライアントに必要なエネルギー・ヒーリングを流すことができ、クライアントを癒し、元気にすることができるのです。

ここまで伝えてきたエネルギー・ヒーリングのエネルギーの出どころは、さまざまです。宇宙エネルギーという宇宙の生命エネルギーや、神々や女神から送られる神聖なエネルギー、天使や精霊からのエネルギー、そして、「アセンデッドマスター」と呼ばれている目には見えない霊的指導者という存在からもエネルギー・ヒーリングは送られています。

サウンド・ヒーリング

サウンド・ヒーリングは、音を使って、クライアントの肉体やエネルギー体、チャ

クラを浄化し、活性化するお仕事です。サウンド・ヒーリングを行なう人のことは、「サウンドヒーラー」と呼ばれています

楽器は、クリスタルでできたクリスタルボウルや、金属製のチベタンボウル、音叉《おんさ》（特定の高さの音を発する二股に分かれた金属製の道具）などを使います。

また、サウンドヒーラーは自らの声を使って、クライアントを癒やすこともあります。その声のオクターブは４オクターブ以上、クライアントの細胞の隅々にまでその音を響かせ、癒しを施し、クライアントを生命エネルギーに満ちた状態へと導きます。

サウンド・ヒーリングの目的は、音を通してクライアントの自然治癒力や免疫力を上げ、心身ともに健全な状態を取り戻すことです。

透視リーディング

透視リーディングは、見えないものを見る力を開発して、クライアントの「見えない情報」を読みとりながらカウンセリングを行なうお仕事です。透視リー

ディングをする人のことは、「スピリチュアル・カウンセラー」と呼ばれています。

スピリチュアル・カウンセラーは、クライアントが直面している人生のあらゆる悩みを解決する方法として、透視リーディングを行ないます。透視リーディングを行なうことで、クライアントが気づいていない課題を指摘することができたり、また、解決策を具体的に提案したりすることが可能なのです。

また、クライアントの人生の目的や魂の使命という、根源的で高度な領域の情報も、透視リーディングで読みとることができます。

アカシック・レコードリーディング

透視リーディングと手法は似ていますが、これは、「アカシック・レコード」という特定の領域のリーディングをしてカウンセリングを行なうものです。

アカシック・レコードは、「宇宙の図書館」ともいわれており、クライアントのすべての人生の情報が記録されている場所です。アカシック・レコードリーディングはその場所から情報を読みとるお仕事なのです。

アカシック・レコードには、クライアントの過去世・現世・未来世などの人生の記録が存在しており、クライアントがこの情報を知ることにより、気づきや、精神的な成長が加速し、充実した人生がおくれるようになります。

アカシック・レコードリーディングをする人も、透視リーディングと同様に「スピリチュアル・カウンセラー」と呼ばれています。

チャネリング

チャネリングを行なう人のことを「チャネラー」と呼びます。チャネラーは、クライアントからの人生に対しての質問に、クライアントとご縁のある守護神や守護霊、天使、アセンデッドマスター（高尚な魂を持った天界の住人）、神、女神らから情報を受けとり、それをクライアントに伝えます。

チャネリングは、通常、言葉を介してクライアントに情報を伝えますが、「光の言語」といわれる地球の言語以外の音で情報を伝えることもあります。また、音楽を介して情報を伝えたり、絵を描いて伝えることもあります。

チャネリングの目的は、クライアントの癒しはもちろんのこと、人生の目的や使命を伝えることで、その人の魂の進化をうながすことです。

そのほかのスピリチュアルな仕事

そのほかにも、スピリチュアル・スキルを利用したお仕事は数多くあります。最近話題になっている、「マインドフルネス」も、スピリチュアルなキャリアといえるでしょう。

マインドフルネスは瞑想の種類のひとつで、意識を集中してリラックスすることでストレスを軽減したり、仕事の効率や創造力をアップすることができます。アップルやグーグルなど、すでに瞑想を研修のなかにとり入れている企業も多くあります。このような瞑想の講師となって企業の研修を行なう仕事の需要もこれから増えていくことでしょう。

また、最近ブームにもなっている国内外のパワースポットめぐりを主催するというお仕事もあります。

これは、神社仏閣での開運ツアーや、お清めツアー、世界のパワースポットでのスピリチュアルなリトリートを開催したりするものです。「リトリート」とは、日常生活から離れて自分の人生を振り返ったり、未来を見据えたり、自分とまわりの人間関係を見直したりしながら、自然のなかで何日かをすごすことです。パワースポットに行って瞑想をしたり、自然に触れながらリラックスし、心身ともにリフレッシュすることもリトリートの一種です。

またこれまでにご紹介した、スピリチュアルなスキルの能力を上げて習得するキャリア以外にも、スピリチュアルなお仕事はたくさんあります。

そのひとつが、「スピリチュアル・グッズの販売」です。スピリチュアルなキャリアで成功する方々の多くは、スピリチュアルなスキルの能力を上げて習得した本業の仕事のほかに、スピリチュアル・グッズの販売事業も同時に行なっています。

スピリチュアル・グッズの商品には、アロマ用品、クリスタル、ロウソク、お香、クリスタルを使ったブレスレット、イヤリング、ネックレス、クリスタルボウル、チベタンボウル、音叉、各種カードなどがあります。

スピリチュアルな能力の開発に興味のない人でも、このようなグッズをインターネットショップや実店舗などで販売し、多額の収益を上げている人もたくさんいるのです。

スピリチュアルなキャリアを持つ人の収入は？

さて、あなたが一番気になるところが、スピリチュアルなキャリアを持っている人の収入はどれくらいなのだろうか？　ということだと思います。

結論からいうと、これはその仕事の経験年数や仕事の頻度によって差があるケースが多く、明確にいくらくらいとお伝えするのはかなり難しい部分があります。

たとえば、セラピー系のお仕事の場合、講師養成講座を受けたのちに講師として活動するようになりますが、個人セッションのクライアントが払う1時間の料金は、おおよそ5000円から2万円ぐらいです。

これだけでもかなりの幅がありますが、1ヶ月に何名の個人セッションを行なうかによっても月収は違ってきます。また、個人セッション以外にセミナーを行なえば、その分の収入も発生します。

セミナーでは、クライアントが払う1日の講座料が、だいたいひとり1万円から5万円です。集まった人数によって収益も違ってきますが、3万円のセミナーに10人の参加者がいたら、そのセミナーでの売上げは30万円となりますね。

その際、経費となるのは、資料のコピー代と、会場として使う会議室のレンタル料金くらいです。30人くらい収容できる会議室のレンタル料金は、公共のところでは1日1万円ぐらいですが、民間の会議室では1日5万円くらいです。

ということは、**講座料3万円のセミナーで10人集客することができたら、それだけで事務職でお仕事をしているOLさんのお給料の1ヶ月分を稼ぐことができる、**ということになります。

つまり、個人セッションとセミナーを合わせれば、スピリチュアルなキャリアで月収50万円を目指すのはそれほど難しくないということがいえるでしょう。

ちなみに本職を持ちながら、スピリチュアルなスキルを習得し、独立起業することなく、副業としてスピリチュアルな仕事をされている人も多くいらっしゃいます。

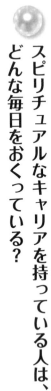

スピリチュアルなキャリアを持っている人は、どんな毎日をおくっている？

最後に、スピリチュアルなキャリアを持っている人が、どんな毎日をおくっているのかを簡単にご紹介しておきましょう。

私の場合、平日は、朝起きたらまず瞑想をして、心身の状態を整えます。そして、そのあと個人セッションを行なったり（一日中、個人セッションでスケジュールが埋まっている日も多いです）、自宅や会社で事務作業をしたり、自分自身の世界観を多くの方にお知らせするために、ＳＮＳ（ブログやフェイスブック）での発信をしたりします。

このように、こまめにブログを書いたり、フェイスブックに記事をアップすることも私の大切な日課のひとつです。なぜなら、これを日課にしているかどうかで新しいお客様と出逢う確率がまったく違ってくるからです。

多くのヒーラーやセラピストたちは、ブログやフェイスブック、ツイッター、インスタグラム、ラインなどを頻繁に更新することで、独自のプロモーション活動を行なっています。もし、あなたがこの分野で成功したいのなら、ここは絶対に外さないでいただきたい部分です。

一方、週末はセミナーを開催していることがほとんどです。

このように、**スピリチュアルなキャリアのお仕事は自分で自由にスケジュールを立てることができます。**休みの日の選択も自分次第です。今、流行《はや》りの「ノマド生活(IT機器を使ってオフィスだけでなく、さまざまな場所で仕事をするワークスタイル)」も自由にできるところがこのキャリアの仕事の魅力のひとつといっていいでしょう。

第3章

スピリチュアル業界では、こんな人たちが活躍しています！

この章では、スピリチュアルなキャリアを手にして活躍している人たちのサクセスストーリーをご紹介していきたいと思います。

人それぞれ、どんなふうにスピリチュアル・キャリアを築き上げ、豊かになっていったのか。それは、その人の人生の使命感や価値観で異なります。しかし、たとえそれぞれが違っていても、スピリチュアルなキャリアには、成功していく過程のなかで共通するマインドセット（在り方）があります。

その**マインドセットは、いわば、このキャリアで自分が起業していくという根拠のない自信、信念のようなもの**です。

彼ら、彼女らはスピリチュアルなことが大好きでたまらないので、自分の人生でそれを役に立てたいと思い続けています。大好きなことだから、ちょっとした苦労でも簡単に乗り越え、続けていく勇気を持つことができているのです。

当然のことながら、どんな仕事に就いたとしても、へこんでしまう出来事や解決すべき人間関係の課題などが上がってきます。

しかし、彼ら、彼女らは、その課題を解決する手段をスピリチュアルなスキル

Chapter 3

で学んでいるので、ほかの仕事での課題の解決方法とは違って、よりスピーディにそれを解決していくことができます。

また、なにか悩みごとがあったとしても、自己ヒーリングをとおしてより深く自分自身を見つめ直すことができるため、尾を引いて悩むこともないのです。

このように、**この業界で成功している人たちは、自分のことをバランスよくとらえながら、好きなことを継続するためにつねに学び続けている**のです。

クリスタルで独立起業を成功――Mさんのケース

さて、ここからは、スピリチュアル・キャリアで成功した人たちの事例を具体的に紹介していきましょう。

私のところにヒーラー認定コースを受けにきたMさんは、当時はエンジニアでした。

自身の体調不良で、まずは自分を癒したいという気持ちでヒーラー認定コースを受けにきたのです。そして、Mさんはヒーリングの手法を学びながら、だんだんと体調不良が回復していきました。

このヒーラーコースは、当時、初級、中級、上級に分かれていましたが、Mさんがその中の上級コースを受けているときのことです。

Mさんが見た夢の中にクリスタル（水晶）が出てきたそうです。すると、Mさんはクリスタルとのご縁を受けとったような気持ちになり、次はクリスタルの勉強をしていきたいと考えました。

そこで、Mさんは、ヒーラーコース終了後、クリスタルヒーラーコースを受講し始めました。

その結果、クリスタルが好きでたまらなくなってしまったMさんは、その後クリスタルヒーラーとなりました。すると、同じようにクリスタルが好きな仲間たちが、不思議とMさんのまわりに集まってくるようになったそうです。

現在、Mさんは、アメリカのアリゾナ州のツーソンで毎年、行なわれている世界一規模の大きいミネラルショーに出かけて行っては、クリスタルを仕入れ、それを販売しながら、自ら主催するクリスタルヒーリングコースでヒーリングの方法をたくさんの人たちに教えています。

まさしく、**Mさんは、クリスタルを通じて独立起業を成功させた**のです。

個人セッションから事業を拡大――Yさんのケース

Yさんは、国際認定ヒーラーコースを受講していた主婦の方です。

Yさんは主婦でしたが、ご主人が起業していたので、ご主人のお仕事を片手間にお手伝いしながら、このコースに通っていました。

そして、国際認定ヒーラーになってからは、まず個人セッションからスタートし、少しずつクライアントの数を増やして活動をしていました。さらには、個人セッションをするかたわら、私が主催するセミナーをYさんの住む地元で開催することでも収入を得ていました。

また、ほかのセミナーにも通いながら、起業する方法を学び、起業家となってからはチャネリングの方法も学びました。

そのあとは、Yさん独自の「チャネリングコース」を開発して、参加者を募集したり、チャネリングができる人材の育成をしたりしながら、収入源を次々と増やしていきました。

この頃には、チャネリングに関わる本も出版したので、Yさんの主催するチャネリングコースの参加者はどんどん増えていきました。

その流れで、次は、チャネリングを教える講師養成コースを開発。講師を育てながら、事業を拡大していきました。

Yさんのように、**スピリチュアルなキャリアは、個人事業主としてのキャリアプランだけでなく、まわりも巻き込むことで収益を増やし、大きく活躍していくことが可能なキャリア**なのです。

看護師からスピリチュアル・キャリアに転身——Hさんのケース

私が理事長を務めている、一般社団法人スピリチュアルアントレアカデミー協会の「スピリチュアル・アントレコース」の卒業生であるHさんは、入学したときには看護師として活躍されていました。

ちょうど、入学してから5ヶ月ほどが経った頃、看護師の仕事をパートに減らしたHさんは、スピリチュアルな個人セッションをスタートさせました。

といっても、それまでは看護師として働いていたので、そのセッションは、いつも無料で提供していたそうです。そのせいもあってか、クライアントが絶えることはありませんでした。

そのうち、自分自身のスピリチュアル・キャリアを活かして、好きな仲間とコラボイベントを開催したりしながら、すでにサロンを持っている人にビジネスパートナーとなってもらい、サロン活動を開始しました。

ひとりでサロンを持つには設備投資がかかります。そのため、しばらくはサロンオーナーの方と共同でサロンスペースを使っていたのですが、サロンオーナーが海外に移住を決めたため、その流れでサロンを引き継ぎ、今ではHさんがサロンオーナーとなっています。

Hさんは、そのサロンで活動するだけでなく、サロンをほかの人に貸し出したり、コラボセミナーなどを企画、自分自身もセミナーを開催するなどして、スピリチュアル・キャリアアップを続けています。

大好きな音楽をスピリチュアル事業に――Nちゃんのケース

20年前に私が通っていた全米トップのヒーリングスクール、バーバラ・ブレナン・スクール・オブ・ヒーリングは、アメリカの大学と同等の権威を持つ学校です。

その学校で同じ時期に卒業した私の友人のNちゃんは、卒業後、海外で暮らしていたのですが、日本に帰ってきてから自分の才能が歌をとおしたものにあると気づき、趣味で歌を歌うかたわら、ヒーリングセッションをしていました。

歌を歌うことを喜びとしていたNちゃんは、歌をとおして人が自然に癒やされるような活動も始めました。

そのキャリアを進めているなかで、大好きな歌が癒しの領域で役に立つことに確信を持ちました。さらには、クライアントが声を出して歌うことで、その人自身の魂にヒーラーが深く繋がれることも発見しました。

同時に、歌が人の心に繋がることで、感動や感激を呼び起こすことにも気づいたNちゃんは、「魂の歌」を歌うことのできるグループレッスンをスタートさせたのです。

現在、Nちゃんは、自分のひらめきで次々にワークショップを開発し、国内で数日間合宿しながら行なわれる「魂と繋がるワークショップ」を開催することで収益をあげています。そのワークショップは今でも大人気で、いつでも満席状態が続いているそうです。

今、**彼女は、年に3ヶ月だけ仕事をし、それ以外は自由に海外に出かけて充電するという生活**をおくっています。

得意な分野を伸ばすことで大成功――Tさんのケース

元大手広告代理店でキャリアウーマンとして優秀だったTさんは、私が開催している「国際認定ヒーラー」のコースを卒業しました。

卒業と同じ頃に、住んでいた東京から関西へ引っ越しをして、海外のソウル・メイト系の内容のプログラムを日本市場に紹介するという起業をしました。

さらに、占星術を学び、自分自身のプログラムも開発、一般の人に提供するようになりました。

星の運行を活用したその独自の占星術をバージョンアップしていきながら、数年後には本の出版もされています。いわば、自分自身のブランドを築き上げて事業を広げられているのです。

Tさんのように、**きっかけがひとつのヒーラーコース受講であったとしても、そのあと、自分自身の得意な分野を伸ばし、素晴らしい活動をされている方も数多くいらっしゃいます。**

Chapter 3

今ではTさんは、自分らしさをうまく表現しながら、スピリチュアルな起業家として大成功を収めています。

職場を退職して起業、自由な生き方を選択——Kさんのケース

学校教育に携わって20年以上経ったKさんは、その職場を退職して、神奈川県の海の見える素敵なマンションに引っ越しを決めました。

同時にスピリチュアルなキャリアを積むため、私の国際認定ヒーラーのコースへ学びにきていました。

教育者であったKさんは、ヒーラーコース卒業後に起業、一気にスピリチュアル・キャリアを立ち上げました。

そのあとは、神奈川県のラジオ番組に出演したり、本の出版をしたりして、自分の時間を大切にしながら活躍されています。

また、**Kさんは毎日ブログを更新しながら、読者との繋がりを大切にしている**

ので、そこからファンがどんどんと増え、自分の考えたスピリチュアルなプログラムを日々クライアントに提供しています。

独自のヨガで、多くの人の健康をサポート――Aさんのケース

ヨガのインストラクターを長年行なってきたAさんは、これまで伝えてきた通常のヨガのスタイルだと人によっては身体に負担がかかることを実体験から感じ、独自のヨガを開発しました。

そのヨガは、身体に負担をかけることがなく、誰でも心と身体と精神のバランスをとることができるものです。現在、多くの人の健康な身体づくりに貢献しています。

Aさんはこうして、**自分の学んできたことを発展させ、自身のヨガ教室に参加する方ひとりひとりに役に立つようなプログラムを開発しましたが、同時に、心の学びも深めるために心理学も勉強し、それをヨガのプログラムにもとり入れた**

り、心理カウンセリング的な個人セッションをするなど、サービスの内容を広げています。

さらに、講演家として、「幸せ」をテーマに活動をしながら、Aさんと出逢う人々の生き方を自由にするサポートをしています。

整体とエネルギーワークを融合させる――Nさんのケース

整体師のNさんは、長年、整体師として活動をしてきたのですが、患者さんの身体の痛みを整体だけで治すのは限界があると感じていました。

そこで、ヒーリングスクールに参加し、エネルギーワークを学んで整体にとり入れ始めたところ、患者さんの身体が目まぐるしく変化したそうです。

そのことを機に、Nさんは整体にエネルギーワークの療法をとり入れた手法の施術に切り替えました。すると、より多くの患者さんを短時間で治療することができるようになりました。

一日に治療できる患者さんの数が増えることにより、収益も上がりました。

Nさんは今でもご自身の整体院を続けながら、心と身体の健康セミナーも開催したりすることで、活動範囲を広げていく方向に進んでいます。

将来は、エネルギーワークと整体を統合した独自の施術を教えるスクールを開校する夢を持っているそうで、その夢のゴールに向かっても着実に進んでいます。

OLとヒーラー、二足のわらじで充実——Yさんのケース

派遣社員でOLとして仕事をしていたYさんは、平日の仕事をこなしながら、私の国際認定ヒーラーのコースを受講し、その後、「週末ヒーラー」となることを決意して、現在は貸しサロンを週末の土曜日だけ借りて活動しています。

毎月4日間だけですが、スピリチュアルなスキルを活かすことで、本人はOLの仕事のストレスをリフレッシュすることができているそうです。**オフィスでの仕事とヒーラーの仕事をとおして、バランスのとれた人生をおくることができる**

ようになったとも語っていました。

日曜日は、自分のプライベートな時間を大切にする意味で、パートナーとすごす時間を必ずとるようにしているそうです。

そのようにしてYさんは、どんどんとスキルアップを重ねていき、今ではOLとヒーラーの仕事を合わせて月約40万円の収入を確保しているそうです。

そのお金を貯めて、年に何度かの海外旅行に出かけ、のんびりとビーチでバカンスをすごしたり、気になるパワースポットめぐりをするなど、充実した日々をおくっています。

第4章

「スピリチュアル・キャリア」を手に入れるための具体的な方法

いよいよ、これからあなたがスピリチュアル・キャリアを獲得するために何が必要かを具体的にお伝えしていきます。

この章は、スピリチュアル・キャリアで必要なスキルを、できるだけシンプルにやさしくお伝えしていきます。このシンプルな方法を実践することであなたはスピリチュアル・キャリアの入門コースを終了できる――それくらいのイメージを持っていただけたら最高ですね。

世界保健機関・WHOもスピリチュアリティを討議

スピリチュアル・キャリアを手にするために、まずは知、心、技の順番で学んでいきましょう。

最初は、「知」です。

あなたが、スピリチュアルな知識を身につけていくために必要最低限な情報をお伝えしていきます。もし誰かに「スピリチュアルってなに?」と聞かれたら、

Chapter 4

すぐに一言で答えられるようになっておきましょう。
世界保健機関であるWHOが、1998年に「スピリチュアリティ」のことをこんなふうに伝えています。

「スピリチュアリティ」とは、人々が生きる上で体験する側面のひとつであり、体感や感情や思考のレベルで経験することを超越している領域である。

また、WHOは「スピリチュアリティ」の領域を測定するために、「SRPB」という尺度を提案しています。SRPBとは、Spirituality,Religiousness and Personal Beliefsの略で、日本語では、「スピリチュアル、信仰、そして、個人の信念」という意味になります。

この尺度は、WHOが開発し、生活の質（QUALITY OF LIFE）で基準とされている「WHO QOL-100」のなかに入っているものです。
SRPBには、8つの側面が設定されています。ちょっと難しいですが、あえてここでご紹介しておくことにします。

①絶対的存在との連帯感（Connectedness to a spiritual being or force）
②人生の意味（Meaning of life）
③畏怖の念（Awe）
④統合性と一体感（Wholeness & integration）
⑤内的な強さ（Spiritual strength）
⑥心の平穏／安寧／和（Inner peace/serenity/harmony）
⑦希望と楽観主義（Hope & optimism）
⑧信仰（Faith）

ＷＨＯは、現時点では、健康の定義にはスピリチュアリティは必ずしも含まれないとしているようですが、**ＷＨＯがスピリチュアルについて正式に討議したこ**

とによって、健康にスピリチュアリティを考慮する意識がより高まったことは確かです。

このように、世界的に知られている機関の公式なデータは、あなた自身がスピリチュアル・キャリアを手にするために知っておく必要があるという考えから、この章の冒頭にあえて情報として載せておきました。

「スピリチュアリティ」の定義とは?

さて、「スピリチュアリティ」を辞書で引くと、「霊性」または「精神性」と書かれていることが多いようです。しかし、このスピリチュアリティという言葉は現在、これだけの意味では網羅できないほど広い意味で使われています。

私の定義するスピリチュアリティとは、「目に見えない人の意識やそれを超えた超意識の領域のこと」です。

人の意識には、**「顕在意識」**と**「潜在意識」**があります。

顕在意識は、今、私たちが五感でとらえている世界で、言ってみれば、「本人が気づいている情報」です。

潜在意識は、普段、私たちが感じることができない心の深層にある意識で、「本人が気づいていない情報」です。そこには、その人が生まれてくる以前からの情報、人生でなにを体験するかという情報、未来の情報、未知なる可能性の情報などが存在しています。

この両方の意識が、人間関係、組織との関係、社会との関係、仕事との関係、お金との関係、恋愛関係、そして、健康にも影響を及ぼしています。

一方で、これとは別に**「超意識」**の領域というものも存在します。

これは、私たちの意識を超えたところに存在している情報です。

超意識は、宇宙意識や神意識というような、私たちの感情や思考の範囲ではとらえきれない情報であるため、科学、物理学、数学、心理学、教育学、哲学、宗教学などでは取り扱えないものです。つまり、ひとつの正しい答えを導き出すような絶対的なものではないということです。

Chapter 4

そういう意味で、もし、一言で、スピリチュアリティを定義づけるとしたら、**「目に見えない世界を扱いながら、人生のすべての領域に影響を及ぼしている情報を活かし、その人にとっての生きる意味を明らかにする世界観」**だということができると思います。

スピリチュアリティが私たちに与えてくれるもの

このようにスピリチュアリティは、その人ひとりひとりの人生の経験から、その人にぴったり合った感じ方や考え方や在り方を引き出していくことに価値を置いているものです。つまり、**人がいかに幸せな人生をおくることができるかに貢献できるもの**なのです。

自分が何者であるかが明らかになることで、その人は自らの存在価値に気づき、生きる喜びや生きがいを持つことができます。このように、スピリチュアリティが人に与える影響は計りしれません。スピリチュアリティを通して、人は自分を受け入れ、愛して、そして、自信を持つことができるようになるのです。

また、人間関係においても、スピリチュアリティを活用することで、不快感や苦悩を感じる状況から、喜びや幸せを感じることのできる方向へと変わることができます。


スピリチュアリティは、人生の可能性やチャンスを開く鍵を人に与えることができます。


自分はなぜ、生きるのか？

何のために行動するのか？

これらの人生の目的を発見することも、スピリチュアリティの世界観のなかには存在しているのです。

スピリチュアルで起業するための5つのポイント

では、次に、スピリチュアル・キャリアを手にするために必要な「心」についてお話していきます。

スピリチュアルで起業するために、あるいは、ヒーラーやセラピストやスピリチュアル・カウンセラー（これ以降はこれらをまとめて、「ヒーラー」と呼ぶことにします）として活躍するために大切な「マインドセット」というものがあります。

マインドセットとは、言い方を変えれば、あなたの在り方そのものなのですが、大きく分けると５つのポイントがあります。

最初のポイントは、**「目に見えない世界が存在していることを信じる力」**です。

目に見えない世界が、私たちの気づかないうちに（幸にも不幸にも）私たちの人生に影響を与えていることを心から腑《ふ》に落ちていないと、ヒーラーとしてまわりからの信頼を得ることはできません。

そういう意味でも、あなたがどこまで目に見えない世界を信じ、その目に見えない世界のことを言葉にしたり行動に移すことができるかで、スピリチュアル起業家としての活躍の範囲が変わってくるのです。

ふたつ目のポイントは、**「自己信頼と他者信頼を持って、クライアントと関わることができるかどうか」**です。

自分が取り扱う情報が目に見えないものであることから、ときに取り扱う情報に対する信憑性を得ることが難しい場面があります。

それでも、あなたが得たスピリチュアルな知識をはじめ、直感で感じたこと、ふと思うことなどすべてが、自分やクライアントにとって必然的な情報であると信じることが大切です。クライアントの変化をうながすための行動ができるかどうかが、ヒーラーとして活躍できるかどうかの分かれ道となるからです。

このポイントは、ヒーラーにとっての心臓部にあたると言ってもいいほど、大切なポイントのひとつです。

３つ目のポイントは、**「意識的にクライアントに働きかけをすることができるかどうか」**です。

ヒーラーが、どのようにしてクライアントに対して働きかけるかで、自ずと受け取り手がキャッチするその情報、気づきの深さなどが変化します。つまり、ヒー

Chapter 4

ラーがなにを意図するかで、相手に与える影響が大きく変わってくるのです。

スピリチャリティの世界観では、クライアントの人生がより喜びや幸せに満ちたものになるための働きかけをすることが最優先の事柄です。そういう意味で、どこまで自分のエゴから自由になり、クライアントを第一に考えることができるかがつねに問われるのです。

４つ目のポイントは、**「どんなことに対してもニュートラル（無判断）な状態になって、クライアントに関わることができるかどうか」**です。

クライアントは、自分自身が体験したことのない領域を体験するためにヒーラーのもとにやってきます。

その際、ヒーラーは、それがクライアントにとってどのような体験であれ、専門家として、クライアントのその体験に否定的な判断をすることなく、ニュートラルな立場でその体験の背景にある本質へクライアントをいざなうことが大切なのです。

そして、目に見えない意識を扱う「専門家」であるヒーラーは、そのクライアントの人生が前向きになるような気づきを確実に与えることができるかどうか。その部分でヒーラーへの信頼や信用が問われます。

５つ目のポイントは、**「ヒーラーが愛の状態を保って、クライアントに関わることができるかどうか」**です。

「愛の状態を保つ」ということはどういうことでしょうか。それは、クライアントに感情的に反応することなく、自分自身も相手も受け入れて、サービスを提供するということです。

長く仕事を続けていると、ときにクライアントに対しての緊張感や緊迫感などを感じる場面もありますが、このような愛の状態でいることができていると、最終的にはヒーラーとクライアント、両方が安心して、よい流れをつくることができます。

ヒーラーが持っていなければいけない倫理観とは？

Chapter 4

ヒーラーには、スピリチュアル業界で末永く起業し続けるために持っていなければいけない倫理観というものがあります。

これを持っていないヒーラーは、残念なことに、信用や信頼、評判が落ちていき、どれだけスキルを磨いていたとしても、クライアントはどんどん離れていってしまいます。

起業してあなたがこの分野で活躍するためには、この倫理観を学んで、実践していくことをオススメしておきます。

その倫理観のひとつ目は、**「クライアントの守秘義務を守ること」**です。

クライアントのプライベートな内容や個人情報はもちろんのこと、あなたがクライアントに伝えた情報も絶対に口外しないことです。

クライアントがあなたを絶対的に信頼することで、クライアントは安心して人生の課題に取り組むことができます。クライアントの希望している人生を実現するサポートをする上で、これは必須の倫理観です。

ふたつ目は、**「クライアントとの境界線を守ること」**です。これも守秘義務を守ることと同様に重要なポイントです。

「境界線を守る」というのは、クライアントとあなたの関係の距離感を保つという意味です。ヒーラーとクライアントは、医師と患者の関係のように、専門家と素人の関係です。ですから、ヒーラーの言動のひとつひとつは、クライアントに大きな影響を与えます。

ましてや、ヒーラーはクライアントの友人ではないので、プロ＝専門家の立場からクライアントとの人間関係を築いていくことが重要なのです。

もし、クライアントから食事に誘われたり、お茶に誘われたりすることがあったとしても、ヒーラーは、極力、お断りをするべきです（その際、感謝の言葉は必ず伝えるべきですが）。

ただし、仮に、ヒーラーとクライアントの関係が終わった場合は、そのあとのクライアントとの関係は、そのヒーラー次第です。友人関係、あるいは恋人関係になったとしても、ヒーラーとしての役割が終わったならば、このような関係を続けることに問題はありません。

Chapter 4

投影——ヒーラーが気をつけなければいけないこと

ヒーラーとクライアントとの関係のなかで、必ずといっていいほど起こることのひとつが**「投影」**です。

「投影」というのは、人間関係でよく起きてしまう出来事のひとつで、目の前にいる相手をその本人として見ることができずに、自分の過去に起きた出来事が目の前にいる人とのあいだに起きていると錯覚してしまうことです。

もし、幸せな出来事を過去に体験していたとしたら、目の前の相手とのやりとりも幸せである出来事だと思い、相手のことに好感を持ちます。

ただし、逆に、目の前のいる人とのやりとりが過去の苦しい出来事と一致してしまうと、その相手に対して嫌な感情を抱いてしまいます。

このようなネガティブな投影が起きることにより、ヒーラーとクライアントとの関係がこじれてしまうことがあるのです。

この場合、ヒーラーはプロフェッショナルとして、このような投影が起きうることを想定、つねに意識をしながら、ヒーラーに接することが大切です。

直感を磨くと、ヒーラーとしての素質が育つ

では、いよいよ、どんな「技（スキル）」を持っていればヒーラーになれるのかについてお話しします。

ヒーラーになるためには、なにはともあれ、直感を磨くことをしておきましょう。

ほとんどの人は、自分には直感なんてないと思っています。それはなぜかといえば、実際には直感を使っているにもかかわらず、その直感に意識を向けずに、それが「気のせい」だと思っているからです。

ですから、ヒーラーになると決めたなら、まず第一に直感を気のせいで終わらせず、そこにつねに意識を向けて、直感は必ずあると信頼してみてほしいのです。

Chapter 4

そのようにして、いったん直感を信頼したら、次は、その直感を磨いていきましょう。

直感を毎日磨いていれば、自然に直感が働いてくれるようになります。

日々の生活において直感を磨くための方法をご紹介します。

たとえば、朝起きたとき、ふと、心に浮かんできたイメージや感覚や思考に意識を向け、それを言葉に出してみるようにしてみましょう。

言葉に出したフレーズが、その一日のなかでどんなふうにあなたに影響を与えたかを観察してみると、直感の働きがだんだんわかるようになります。特に、朝、目覚めたときの直感は、あなたのすごす一日になにかしらのメッセージを与えてくれていることが多いのです。

一例を挙げましょう。

朝、目覚めたときに直感があなたに「今日は、なんか気分がいいな〜、いいことが起こりそう！」と伝えたとします。

すると、支度をして家を出ていつもの電車に乗ったとき、目の前に会いたかった友人がいたり、会社に行くと、自分が誰かに頼もうと思っていた仕事をすでに誰かがやってくれていたりするのです。

こんなふうに、**毎日の生活のなかで直感を磨いておくと、ヒーラーになれる素質が自分にだんだん芽生えてきます。**直感は、〝ヒーラーとして見えないものを見る力〟を養う基盤になってくれるのです。

「直感コンサルタント」のスキルとは?

さらに直感を磨いていくと、ヒーラーの役割のひとつ「直感コンサルタント」としての活躍の可能性が期待できるようになっていきます。

「直感コンサルタント」は、その名前のとおり、直感を使ってクライアントの問題解決の手助けをするスキルです。

クライアントが気づくことのできない問題解決の選択肢を、クライアントとの対話のなかで直感を使って引き出し、具体的に提案します。そうすることで、クライアントは自分の見えていない解決策を簡単に選ぶことができます。

また、クライアントが自分の未来について不安や恐れを持っている場合にも、直感を使い、未来の可能性を引き出したり、クライアントが未来に対して希望が持てるような、よりよいサポートができるのです。

一番やさしい直感コンサルティングのステップをお伝えしておきます。身近に悩んでいる人がいたら、ぜひ、この直感コンサルティングのステップを試してみましょう。

○ステップ1　相手の悩みについて状況を聴いてみる

今、何かこまっていることがあるとしたら、どんなことか？

解決したいことがあるとしたら、なにか？

今の状況が、どうなったらうれしいか？

○ステップ2　直感を使って相手の情報を引き出す

相手について、ふと思ったことを口に出してみる

「ステップ1」の話を聞いた上で、その相手にとっての最善の策はなにかを自分に問いかける

あなたのひらめきを相手に伝え、相手からの質問に対し、直感で答えてみる

（パッとひらめいたことが直感です。頭で考えすぎたら、直感は働かないので注意してください）

○ステップ3　相手がどうするのがベストなのかをうながす

相手がどんな行動を起こしたらいいかを具体的にサポートします

「ステップ2」で話した内容で、すぐに行動を起こせることはなにかを相手に聴きながら、実際に行動に移しているイメージが湧くかどうかを聴いてみる

具体的な行動を起こす期限を決めて、それを行なうように応援する

実際にヒーラーが使っているこの直感コンサルティングのステップを日常生活

Chapter 4

のなかで試しながら、さらに、あなたの直感を磨き続けてみましょう。

知らずに身についてしまった「ブロック」を外す方法

直感を使ったコンサルティングだけでは、クライアントのサポートには限界がある場合もあります。クライアントがかかえている問題の背景には、それぞれの事情が持つさまざまな「制限」が潜んでいるからです。

その制限とは、そのクライアントの人生にはすでにそぐわなくなった価値観のことです。スピリチュアル業界では、一般に**「ブロック」**と呼んでいます。

ブロックは、生まれてくる前の過去世からくるものや、現世に生まれてくるときに母親のお腹のなかで受けとってしまっているものもあります。また、生まれてきてから両親に育てられている過程や、学校教育、社会人になってからの人間関係のなかでつくりあげられてしまうものもあります。

気づいたらそれが当たり前だと思ってしまい、本当の自分はどうしたいのか、本当の自分にとってなにが必要なのか、あるいは自分が望んでいることがなんであるのかがわからなくなってしまうのです。

その結果、自分の人生がうまくいかない原因を、自分ではなくまわりの人や社会のせいにしてしまい、さらに自分の人生の改善がなされなくなるという悪循環が生まれてしまいます。

ヒーラーはそのような状況に至った人たちの人生のとらえ方や取り組み方を変えて、その人が納得のできる人生をおくるための手助けをする役割があります。

そのための方法のひとつとして、知らずに身につけてしまったブロックを外す方法があります。その方法を**「ブロックシフティング」**といいます。

ここからは、あなたがこれからスピリチュアル・キャリアを始めるにあたって初期のステップにもなるブロックシフティングの方法をお伝えします。

まずは、自分自身のためのブロックシフティングの方法を試してみましょう。

○ステップ1 「リラックスする色をひとつ選ぶ」

自分に質問をします。「あなたが一番リラックスする色は何色ですか?」

色を選んだら、その色がオーラの頭上から降り注ぐシーンをイメージしましょう。

(オーラとは、身体のまわりにある楕円形をしたあなたのエネルギー体です)

次に、その色がオーラを満たし、身体中にたっぷりと流すシーンをイメージしましょう。

○ステップ2 「ブロックシフティングをする領域を決める」

自分に質問をして、それに直感で答えます。

○質問の例

自分自身が、一番制限を感じていることはなんですか?

○○さんとの人間関係に不自由さを感じていますか?

いつもお金の心配がありますか?

○○に関して、恐れを感じていますか?

将来が不安ですか？
彼氏といつになったら結婚できるのか不安ですか？
いつになったら、パートナーが現れるか不安ですか？
起業したいが、会社をやめられないでいることに悩んでいますか？
いつも後悔してばかりで、前に進むのが怖いと思っていますか？
なにをしても情熱が湧きませんか？
未来に希望が持てないでいますか？
自分のやりたいことがわからないことで困っていますか？
人と関わることに苦手意識がありますか？
気持ちがいつも沈みがちになっていますか？
○○について罪悪感がありますか？
最近、一番気分がめいってしまった出来事はなんですか？

○ステップ３　「どのブロックを外すかを決める」

Chapter 4

「ステップ2」で一番心にひっかかった「制限」を選びます。

○**ステップ4　「ブロックシフティングを実行する」**

「ステップ3」でひとつに絞ったブロックを心のイメージのなかで形にします。

(それは○、△、□など、どんな形でもかまいません)

その形に色をつけたら何色になるかをイメージします。

深い呼吸をしながら、白い光のシャワーを色のついた形に向けて流すシーンをイメージします。

その形が透明になるまで、白い光のシャワーを流し続けます。

○**ステップ5　「新しい気分を味わうための宣言文をつくる」**

ブロックシフティング後に体験したいことを、言語化します。

○**例1**

お金のブロックを外したら、「体験したいこと」の宣言文は、

「私は、無限の豊かさを手にしています。お金は私の味方です！」

◯例2

将来の不安のブロックを外したら、「体験したいこと」の宣言文は、

「私の未来は、今の自分が最高と思ったことを選んで実現しています！」

◯例3

パートナーに出逢えないブロックを外したら、「体験したいこと」の宣言文は、

「今、私はパートナーと出逢うことができます！」

このブロックシフティングを終了したら、毎朝、宣言文を口にして、自分の気持ちを上向きにしてから、一日をスタートさせましょう。

そして、その日に起こる幸せな気分に意識をフォーカスしていくことで、あなたの現実はどんどん変わっていきます。

Chapter 4

まず自分が「実験台」になってみる

「直感コンサルティング」と「ブロックシフティング」のスキルは、ヒーラー自身が毎日、実践することで、人生が劇的に変化することに気づくでしょう。

そういう意味でも、スピリチュアル・キャリアを築いていきたいと思うなら、まずは、自分が実験台となって、これらのことを実践しておきましょう。

そして、自分が充分に体験したら、家族や友人など身のまわりの人に試してあげるといいでしょう。

特に、ブロックシフティングの手法は、もっとたくさん種類がありますので、スキルアップを望んでいる方は、私が教えているコースで学ぶことで深めることができます。

どんなスキルもそうですが、やり続けた人がより際立った技術を持つことができます。継続することで、あなたのスピリチュアル・キャリアはさらに発展していくのです。

「スピリチュアル・マーケティング」を身につけよう

この章の最後に、スピリチュアル・キャリアへの道を決めた方にぜひ実践してもらいことがありますので、それをお伝えします。

それは、**自分自身とクライアントとの運命的な出逢いを創造すること**です。この業界では、「スピリチュアル・マーケティング」と呼ばれているものです。

スピリチュアル・マーケティングとはなにかについて知っておくと、あなたのスピリチュアル・キャリアアップは加速していくこと間違いなしです。

ちょっとイメージしてみてください。

私たちの意識は、まるでグーグルの検索エンジンのようなものです。

あなたが提供する素晴らしいスピリチュアルなサービスが「意識の世界」にアップロードされたら、そのサービスを求めている人の意識と繋がり、その人は必ずあなたのサービスを見つけてくれます。

そのために、その「意識の世界」でできるだけ見つけてもらいやすくなるように、見えない存在を味方につけ、その存在に働きかけを行ないましょう。

「意識の世界」に働きかけると、あなたとクライアント、両方が「これは運命の出逢いだ」と直感するような出逢いが起こります。

理想的なヒーラーとクライアントの関係は、このように、心の深い部分（魂レベル）でお互いが繋がる関係、クライアントに「このサービスこそ、私の求めていたものだ」と理解されるような関係なのです。

ハイヤーセルフとひとつになるという感覚を持つ

世の中のすべてのものは、エネルギーであり、波動です。同じ波動は引き寄せ合います。また、高い波動は低い波動を変化させ、よい影響を与えます。

このようなまわりの人の波動に影響を与えることをマーケティングに活用する

と、スピリチュアル・キャリアの結果を最大限に伸ばすことが可能になるのです。

スピリチュアル・マーケティングをマスターするための基本は、あなた自身が高い周波数の波動を出すことです。

そのためには、まず、あなた自身が「肉体を超えた存在」であるということを自覚することが大切になってきます。

この「肉体を超えた存在」のことを、英語で、**「ハイヤーセルフ」**といいます。この言葉を逆に日本語に訳すと、「崇高なる自分」という意味になります。

ハイヤーセルフは、あなたがこの地上に降り立つ前に、あなたが今生でなにをするかを決定している存在です。そして、決めた役割をまっとうするために、いろいろな出来事を用意してくれたり、間違った方向に進んでいるときには、あなたの学びのために環境の変化を起こすことで軌道修正をしてくれるのです。

ハイヤーセルフは、あなたを全力で応援してくれる大親友であり、あなたが迷っているときには最高の選択肢を提案してくれるコーチでもあり、苦しい体験をしたときには、一緒にそばにいて、その体験を乗り越えていく可能性を感じさせて

Chapter 4

くれる存在なのです。

あなたがこのハイヤーセルフとひとつである、という意識を持つことを強くオススメします。

このハイヤーセルフとひとつであるという感覚は、自分が選んだ未来を自由自在に実現できることに確信が持てるような感覚に近いといえるかもしれません。

いずれにせよ、**スピリチュアル・マーケティングを成功させるためには、あなた自身が高い周波数の波動を出し、ハイヤーセルフと繋がっている感覚を磨くことが鍵となるのです。**

ハイヤーセルフと繋がる方法

では、具体的に、ハイヤーセルフと繋がる方法を実践してみましょう。

ハイヤーセルフと繋がるには、次の3つのステップがあります。

◯**ステップ1**　軽く目を閉じて、2～3回深呼吸をし、身体も心も思考もリラックスした状態にする。

◯**ステップ2**　あなたのハイヤーセルフの光を、身体の頭上から手の指先、足のつま先へと満たしていくシーンをイメージする。

◯**ステップ3**　全身にハイヤーセルフの光が満ちたと感じたら、ハイヤーセルフと対話をする。あなたの願いや意志を伝え、ハイヤーセルフからのメッセージを直感を使って、受けとる。

ハイヤーセルフと交信するためのこうした実践を日々重ねていくことで、ハイヤーセルフからのメッセージをより感じることができるようになり、あなたの願いや意志もハイヤーセルフに伝えることが自然にできるようになっていきます。

ハイヤーセルフと繋がり、交信ができるようになったら、あなたが「どんなヒーリングを誰のためにしたいか」についてハイヤーセルフに伝えていきましょう。

すると、あなたの意識が、宇宙にあるあらゆる意識のネットワーク網へと発信されていきます。

それと同時に、あなた自身がヒーラーとして具体的にどんな活動をしていくかについてもハイヤーセルフに伝えていくことで、あなたのスピリチュアル・マーケティングが完成形へと近づいていきます。

こうしたハイヤーセルフの協力で、運命的な出逢いをする準備ができ、自然にあなたにとってベストなクライアントとの引き寄せが始まるでしょう。

さらに深いスキルを学びたい方へ

私が理事長を務めている一般社団法人スピリチュアルアントレアカデミー協会では、スピリチュアル・キャリア養成のための「1年コース」を開催しています。

また、私が代表を務める株式会社ダイナビジョンでも、最短では2日間からのヒーラー認定コースがあります。

あなたが真剣にスピリチュアル・キャリアを学びたい場合には、このような認定コースなどの受講を検討するとよいでしょう。

第５章

こんな疑問も知りたい！
「スピリチュアル・キャリア」
Ｑ＆Ａ

Q ヒーラーやセラピストの一日のすごし方は？

A
お店やサロンでヒーリングやセラピーのお仕事をしている方の場合は、10～18時の勤務、あるいは12～20時の勤務が一般的です。

一日のお仕事は、私のお店を例にとると、まず、お店やサロンのお掃除をして、お清めをしてから、聖域（神聖な空間を創るために、高次元の存在を招くエネルギーの神殿）をつくります。

それから朝礼をしますが、朝礼をするときも、ただ普通に一日の予定をスタッフと共有するのではなく、今日のスタッフ全員の気持ちや意識をシェアする時間もつくります。そこで各々が、今日の神聖な自分を感じ取り、それぞれが新鮮な気持ちで一日をスタートするのです。

人気のヒーラーになると、一日に5～7人の個人セッションを行ないます。個人セッションが入っていない時間帯は、お店のクリスタルやスピリチュアルグッズの販売の仕事をしたり、ヒーラー活動をする仲間と一緒に交代で休憩をとったり、ブログやメルマガを書いたりもします。

個人で自宅をサロンにヒーラーやセラピーのお仕事をしている方の場合は、自分でスケジュール管理や店の宣伝をすることが必要となりますが、その際、鍵となるのは、フェイスブックやブログなどSNSを活用しての〝自分のことを知ってもらう活動〟です。

また、セッションやお茶会、セミナーなどなにかのイベントを企画したら、その会場の下見や予約なども自分でしなければなりません。また、集客をするためのメールを書いたり、フェイスブックやブログで告知をすることも必要となります。

こうした作業や実務をひとりですべてこなす人もいれば、不得意なところを担当してくれる人をパートで雇う人もいます。

また、個人ですべての活動を行なっている人も、仲間をつくり、その仲間とコラボ企画などを開催することで、自分のクライアントとなる人たちを増やしています。

Q 誰でも、この業界で活躍できるのですか？

A

私が育成してきた認定ヒーラーや認定チャネラーの方々は、「活躍する人」と「活躍しない人」とにはっきり分かれているという傾向があります。

その違いは、なんでしょうか？

活躍しない（できない）人の多くは、たいてい認定されたコースの「実践」をしない状況を続けます。そして、

「私は、まだまだ完璧にできないから……」

「私には、うまくできる自信がないから……」

「まわりと比べたら、自分はもっと勉強しないと始められないから……」

などと、なにかしらの言い訳を見つけて行動に移さないのです。そのため才能が磨かれていきません。

活躍する人の行動を見ればわかるのですが、彼ら彼女らは、学んだことをすぐ

さま実践しています。実践すると、その仕事のコツや感覚がどんどんと磨かれていきますから、自信もついていきます。

スピリチュアルなスキルは、最初から誰もが上手にできることではありません。大切なことは、習ったことを試して、自信をつけて、そしてまた実践を続けることです。その際、うまくできた自分自身を褒めてあげることも重要です。

活躍する人たちは、このように実行に移して、自信をつけて、クライアントをひとりずつ丁寧に獲得していっています。

私もこのキャリアを始めたとき、すぐにクライアントが集まったわけではありません。習ったことを実践しながら、着実に、丁寧に、学習したことの復習をしながら、お客様と自分を育てていったのです。

Q スピリチュアルなキャリアで成功するための秘訣はなんですか？

A スピリチュアルなキャリアでの成功の鍵、そのひとつ目は、なによりあなたがスピリチュアルな分野が大好きで、情熱を持ってこの分野で社会に貢献したいかどうかです。

その気持ちがあると、スピリチュアルな事柄を日常的に実践する習慣がついていきます。

まずは、自分が学んだことを自分自身にも試しながら、着実にスキルアップをはかることです。

自分にそれを試すことで、その信憑性が理解でき、自信にも繋がります。自分が納得できたことは、人にそれを伝えるときにも自信を持って伝えられるので、相手も納得がしやすくなります。

ふたつ目の成功の鍵は、あなたがまわりの人にスピリチュアルなスキルを試したとき、その人があなたのキャリアを人に紹介してくれるかどうかです。

体験した人の口コミほど、パワフルな力はないのです。その紹介を受けた新しいクライアントは、あなたのところへくる前からあなたのことを信頼し、あなたに好印象を持ってくれているはずだからです。

Chapter 5

3つ目の成功の鍵は、あなたがやっていることをSNS（ブログ、ツイッター、フェイスブックなど）で伝えることができるかどうかです。

あなたがなぜ、この仕事をしているのか？

あなたに出逢ったクライアントがどんなふうに変化したか？

そんなことを、あなたの人となりがわかる内容とともに伝えていくことです。

これは、あなたのファンを増やすためにも非常に重要なことです。

そして、最後の成功の鍵は、あなたが選んだスピリチュアルなコンテンツをより進化させるために、それを必要に応じて改善したり、つねに新しい内容を取り込んだりできるかどうかです。

　そのような姿勢でスピリチュアルなキャリアを続けていくことで、気づけば、あなたはスピリチュアルな分野で名前が知られるようになり、多くのクライアントとともに進化し続けることができるようになっているはずです。

Q 自分の得意なスピリチュアルなスキルがわかったら、それをどうやって多くの人に広めたらいいですか？

A

あなたが学んだスピリチュアルなスキルのなかでもっとも得意なものがわかったら、まずは、その得意分野についての記事をブログで書き始めてみましょう。

そして次に、あなたのその得意なスキルを求めている可能性のある方々がどんなブログを書いているかを探してみましょう。

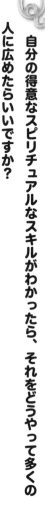

たとえば、あなたが人間関係で悩んでいる人の「ブロック」を外すことが得意なのであれば、人間関係の悩みを解消したいと思っている人のブログを検索して見つけてみるといいでしょう。具体的には、「人間関係に悩んでいる」「人が嫌いでどうしたらいい？」「イヤな人間関係から開放されたい！」などのワードをグーグルで検索してみることです。

そのようなブログを書いている人たちが見つかったら、その人のブログに読者登録をしてください。さらには、自分のブログに、その人の悩みをあなただったらどんなふうに解決できるかについての記事を書いてみるといいですね。

そうしたことから、あなたのスピリチュアルなスキルは、少しずつあなたを知らなかった人たちに広がっていくことでしょう。

Chapter 5

Q

一日も早くスピリチュアルなキャリアで自立をしたいので、今の仕事をやめたいのですが、どうしたらいいですか？

A

あなたにすでにスピリチュアルな分野以外の専門分野があるとしたら、その専門分野での実績はとてもリアルに役に立つでしょう。

たとえば、看護師としてお仕事をしているのだとしたら、そのお仕事をすぐにやめるのではなく、あなたが学んでいるスピリチュアルなスキルを現職場で活かせるようにしてみましょう。

将来、看護師としてのキャリアを持ったヒーラーとなっていくために、今の職場で活かせることを実験しながら、自分のスピリチュアル・キャリアの基盤を整えていくことをオススメします。

同時に、仕事をやめる前に、あなたの今持っている時間がスピリチュアル・キャリアにフォーカスするためのスケジュールになるよう、具体的に組み立てておきましょう。

たとえば、現在のキャリアを続けながら、どのぐらいの時間をスピリチュアルなキャリアを築く時間に費やせると思いますか?

たとえ、その時間がわずかなものであったとしても、継続してやっていると、その「実績」は少しずつ積み上げられていきます。

このようなことをせずに、まだ中途半端な状態で現職をやめることはオススメできません。

今のキャリアも、スピリチュアルなキャリアを築いていくための道筋に必要な部分がきっとあるはずです。そのような視点を持ちながら、今のお仕事を続けつつ、段階を追ってスピリチュアルなキャリアへと移行していきましょう。

Chapter 5

Q 無料でスピリチュアルなセッションを続けています。いつからお金をいただくことにしていいのかがわかりません。どうしたらいいでしょうか？

A あなたが自己投資してつちかったスピリチュアルなスキルを、無料で続けることはよくない行為だとまずは気づきましょう。それは、ライセンスをとった医者が、無料で奉仕して患者さんを相手に治療を続けていることと同じだからです。

それでも、あなた自身が有料でスピリチュアルなセッションを提供することに抵抗があるのだとしたら、お金をいただくことに対しての精神的なブロック、あるいは、自分自身の自信のなさがあるのかもしれません。

そうであるならば、自分が価値のあるセッションを提供していることを相手に言葉で伝えることで、それをクリアしましょう。

そして、あなたが有料のセッションを行なうことを決心したならば、本来の金額を定めた上で、初回は半額で体験してもらい、2回目以降からは定額にするなどしながら、無料から有料へのキャリアを少しずつ築いていきましょう。

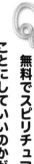

Q スピリチュアルなセッションやセミナーの集客は、どのようにして行なったらいいですか？

A まずは、SNS（ブログ、ツイッター、フェイスブックなど）を使って、自分の世界観をまわりの人と共有することから始めてみましょう。

そして、あなたという存在が何者なのかということを多くの人に知ってもらえ、信頼してもらえることができたとき、あなたのサービスを購入してくれる誰かが必ずあなたに連絡をしてくるはずです。

SNSで発信をする際には、集客という意識からでなく、

「自分が価値あるサービスを提供しているのだ」

という意識で発信しましょう。

そうすることで、あなたの存在価値はインターネット上でどんどん伝わっていきます。

Chapter 5

どのSNSを使うかを決めたなら、そこに自分のエネルギーを注ぎながら、毎日発信を続けてみてください。「集める」より「集まる」というエネルギーであなた自身を表現していきましょう。

それから、あなたのセッションやセミナーの魅力はどのようなものでしょうか？　それを出逢った人にわかりやすく伝えられるようになることも大切なことです。

あなたに出逢う人は、あなたと必ずご縁のある人です。そうした人はあなたの才能を活用してくれる可能性が高いのです。たとえ、その人がそうでなくても、その人のまわりにあなたの力を使って悩みを解決したいという人がいる可能性もあります。

集客をどうしようという悩みがあるときには、このこともぜひ頭に入れておくようにしてください。

Q スピリチュアルなセッションやセミナーを開くために、サロンを借りたほうがいいでしょうか?

A スピリチュアルなキャリアをスタートするとき、多くの方が自分のサロンがほしいと思いがちです。

ですが、ご自身の売上げが安定的に月収50万円ぐらいにならないかぎり、サロンではなく、自宅兼サロンとして自分の空間を活用したり、貸サロンを利用したり、公共の会議室を利用することをオススメします。

ちなみに、私は、スピリチュアル・キャリアをスタートした当初は、自宅をサロン兼セミナールームとして使っていました。起業してからの約6年間はそのようにして、活動を続けてきたのです。

自分のサロンを持つためにやみくもに急ぐのではなく、まずは自分の能力にしっかりとフォーカスしつつ、じっくりと活動をしていきましょう。

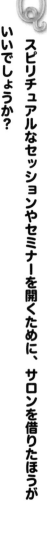

Chapter 5

Q

自分の能力を、どのように「商品化」することができますか？

A

あなたのどの能力が、クライアントが本当に必要としているものなのか？　そしてそれはなぜなのか？　さらには、あなたの能力のどのポイントがクライアントの役に立っているか？　ということをまずは明確にしておきましょう。

なぜかといえば、あなたの能力を商品化するためには、ひとつの能力に絞りこむことが非常に大切だからです。

それは、エネルギー・ヒーリングなのか？　チャネリングなのか？　そして、その能力はあなたが一番ワクワクした気持ちで続けられるのかどうかも同時に明確にしておきます。

それがはっきりわかったら、次にそのサービスの「キャッチコピー」を考えましょう。

キャッチコピーとは、〝そのサービスがどんなサービスなのか〟を一言で表したものです。

一言で表す言葉をできるだけ多くリストアップしてみます。そして、そのなかから、一番スッキリとわかりやすいのはどれなのか、まわりの人に聞いてみましょう。

キャッチコピーが決まったら、次に、あなたのそのサービスにはどんな特徴があり、どんな人にどのように役に立つのか？　を書き出してみましょう。

さらには、それをどんな人に薦めたいか？　さらには、そのサービスを受けとった「クライアントの声」も想像して2〜3個書いてみましょう。

最後に、あなたが商品化するサービスの料金、申込み先、振込先などの情報を詳しくまとめてください。それはあとでチラシにしてもいいし、写メしたものをSNSにアップしてみるのもいいでしょう。商品化はここからスタートになります。

この「商品化」について、もっと詳しく知りたい方は、一般社団法人スピリチュアルアントレアカデミー協会（私が理事長をしています）が主催している、スピリチュアルアントレコースを受講することをオススメします。

Chapter 5

Q お客様管理は、どのようにしたらいいですか?

A 一度サービスを提供したことのあるお客様のメールアドレスは、メーリングリストに必ず保管しておきましょう。

そして、あなたがメルマガを配信しているならば、「ご縁をいただいた方にお届けしています」などの文言を入れて、その方にメルマガを送り、そのお客様との繋がりを続けてください。

お客様情報を管理するパソコン用のソフトやメール配信システムなどはさまざまあるようですが、スピリチュアル系のキャリアを持つ方の多くは、「リザーブストック(メルマガを配信して見込み客集めをしたい方向けのシステム)」を使っているようです。

一度、リザーブストックのサイトを調べてみて、自分が使いこなせるかどうかを試してみるとよいでしょうリザーブストックについては、こちらのサイトから情報を見ることができます。
https://www.reservestock.jp/

エピローグ

スピリチュアル業界の未来と私の夢

最後まで読んでいただき、ありがとうございました。

最後まで読み終えたあなたは、必ずスピリチュアル・キャリアの第一歩を踏み出すことができるでしょう。そして、これからスピリチュアル・キャリアを手にすることで、人生をこれまでになかったほどの満ち足りた豊かな方向へと進めていくことができるでしょう。


スピリチュアルと現実を統合することで、誰もが無限の可能性を開き、人生のバランスをとりながら幸せで豊かに生きることができます。私はそれを「スピリアルライフ」と呼んでいます。

そういう意味でいえば、スピリチュアルなキャリアは、スピリチュアル業界でのみ活用される時代から、IT業界、医療業界、教育業界、社会福祉業界など、あらゆる業界で活用されていく時代に変わっていくことでしょう。

そして、スピリチュアルなキャリアを活かして活動していく人たちは、単なる起業家で終わるのではなく、「なぜ生きるか」「いかに生きるか」という原点と繋がりながらお仕事をしていくことになります。つまり、スピリチュアル・キャリアは、「社会貢献をする新しい社会起業家」的な役割となっていくのです。

実際に、個人のストレス解消や、学習意欲の向上、能力開発、西洋医療を越えた統合医療など、さまざまなレベルの問題解決に、スピリチュアルな力である「瞑想」がとり入れられています。

また瞑想だけではなく、直感力や透視能力を使って、本質的な問題解決を行なったり、未来の不透明な事柄に明確なビジョンを描いていくスピリチュアルな才能が境界線のない分野で活かされ始めています。

スピリチュアルな能力は、これからますます進化と発展をとげていくことで、近い将来、医師や弁護士などの専門家と同じような市民権を得、個人や組織の再生に貢献していく可能性があるでしょう。

すべてを断定することはできませんが、私は、今、こんな未来を思い描いています。

医療機関においては、西洋医療と東洋医療が統合し始めたように、エネルギー・ヒーラーやチャネラーが医学が解決できない課題を解決したり、患者の精神や肉体を健全な状態へ変化させていくでしょう。

教育機関においては、瞑想を通じた創造力や学習能力アップのカリキュラムが授業にとり入れられたり、保健室にはスピリチュアル・カウンセラーが常駐することで、これまでの保健室が提供してきた以上のサービスが提供できるようになっていくでしょう。

また、教師も子どもたちの直感力やスピリチュアルな能力を伸ばすことで、より本質的なディスカッションなどが教室でできるようになっていくはずです。

美容業界においては、新たな化粧品開発にスピリチュアルな能力を使うことで、これまでになかった化粧品（たとえば、目に見えないエネルギーを活用したスキンケアやボディケア製品、あるいは、エネルギー・ヒーリングで細胞の解毒や活

Epilogue

性化をするアンチ・エイジング製品など）が誕生するでしょう。

そして、現在、街にスポーツジムがたくさんあるように、瞑想やスピリチュアルな能力の開発をする「スピリチュアル・ジム」ができ、同時に、健康に考慮した食事を楽しみながらヒーリングやリーディングができる「ヒーリング・カフェ」があちこちで開店するはずです

このように、「スピリアルライフ」は、私たちの人生に関わる「衣食住」すべての領域に活用されていく可能性があるのです。

ですから、これからスピリチュアル・キャリアを手にする人は、自分がどんな分野で貢献したいのかについて、ぜひ考えを具体的に明らかにしておいていただきたいのです。そうすることで、あなたはほかの人には真似できない自分の専門性を持ったスピリチュアル・キャリアを築くことができるからです。

そのために、まず、自分のスピリチュアルなスキルをどう活用できるかをまわりの人にわかりやすく伝え続けましょう。すると、あなた自身のスピリチュアル

な力の認知度はますます上がっていくことでしょう。

自分にもまわりの人にも役に立つことであれば、躊躇せず分かち合っていくことをオススメします。自分自身を信じ、できることからスピリチュアルなスキルアップを続けていってください。

最後に、私の夢をお話しておきたいと思います。

私がこれから社会に貢献していきたいスピリチュアル・キャリアは、ふたつあります。両方とも、グローバルな組織の人材育成をしていた私だからこそできるキャリアだと思っています。

ひとつ目は、スピリチュアルなキャリアアップをしたい方々へ向けたスキルアップのセミナーの開催です。

これはすでに一部始動していて、私が理事長を務めている一般社団法人スピリチュアルアントレアカデミー協会で活動を行なっていますが、今後さらに多くの方に受講してもらうべく規模を広げていきたいと考えています。

ふたつ目は、グローバル企業へ向けた、瞑想や直感力を使った組織の人材育成です。

現在、これまでにはなかった組織が誕生していく時代が到来しています。そうした新しい組織へ生まれ変わるときに必要な、地球レベルの大きなビジョンをお伝えしていくことで、企業に対して新しい価値観の創造を与えることができると思っています。

そうしたこれまでの常識の枠を超えた問題解決ができるスピリチュアル・コンサルタントになるため、私は今後もより進化したスピリチュアルなスキルを磨き続けたいと考えています。

あなたも、あなただからこそできるスピリチュアル・キャリアをぜひ手にしてください。そのことを心から願っています。

２０１７年11月

イスラエルにて　穴口恵子

あなたにもできる！
スピリチュアル・キャリアのつくり方
「スピ起業」で誰でも自分の夢がかなえられる本

2017年12月30日　第1版第1刷

著　者　　穴口恵子

発行者　　後藤高志
発行所　　株式会社廣済堂出版
〒101-0052
東京都千代田区神田小川町2-3-13 M&Cビル7F
電話　03-6703-0964（編集）
　　　03-6703-0962（販売）
Fax　03-6703-0963（販売）
振替　00180-0-164137
URL　http://www.kosaido-pub.co.jp

印刷・製本　株式会社廣済堂

ブックデザイン・本文DTP　清原一隆（KIYO DESIGN）

ISBN978-4-331-52139-7 C0095
©2017 Keiko Anaguchi Printed in Japan

定価はカバーに表示してあります。
落丁・乱丁本はお取り替えいたします。

スピリチュアルな才能に目覚め、
あなたを最高の気分にしてくれるカード

※点線に沿って切り取ってお使いください。使い方は裏面をご覧ください。

このカードの使い方

A 最高の一日をおくりたいときに使いましょう

① このカードを毎朝起きたときに見て、「あなたの最高の一日」をイメージしましょう。

② どんな素晴らしい一日があなたに起きるかを、一言で表現しましょう。
例「今日の私は、幸運を引き寄せています！
ありがとうございます」

③ そして、一日をおくりながら、あなたが最高の気分でいることを自分自身で観察しましょう。

B 気分が落ちたときに使いましょう

① なにかの原因で気分が落ちたときは、このカードを見てください。

② カードを見たら、目を閉じ、このカードのシンボル（中央の丸い部分）のなかに入っていく自分をイメージします。入っていく自分を感じることで、あなたの気分は変化していくことでしょう。

③ 気分がすっきりしたら、「私は私です。私は○○（○○にはあなたの気分が上がる言葉を入れます）です！」と言いましょう。
例「私は私です。私は幸せです！」